Franz Wenigwieser
Taufe *kreativ* feiern

Franz Wenigwieser

Taufe kreativ feiern

VORBEREITUNG · GOTTESDIENST · FAMILIENFEST

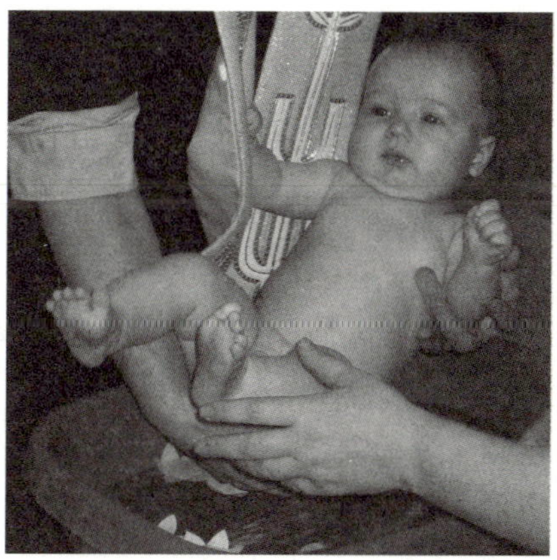

Tyrolia-Verlag · Innsbruck-Wien

Mitglied der Verlagsgruppe „engagement“

Bibliografische Information Der Deutschen Bibliothek
Die Deutsche Bibliothek verzeichnet diese Publikation in der Deutschen Nationalbibliografie; detaillierte biografische Daten sind im Internet über <http://dnb.ddb.de> abrufbar.

2004

Umschlaggestaltung: Tyrolia-Verlag, Innsbruck
Titelfoto: Klaus Gasperi, Innsbruck
Layout: Tyrolia-Verlag, Innsbruck
Druck und Bindung: Alcione, Trento
ISBN 3-7022-2572-2
E-Mail: buchverlag@tyrolia.at
Internet: www.tyrolia.at

Inhalt

Vorwort

Unter dem Wasserfall der Gnade Gottes! Die Taufe kann man mit einem schönen Wasserfall in unseren Bergen vergleichen. Ein Wasserfall ist ein kleines Naturwunder, das zum Staunen anregt und zum Meditieren einlädt. Wer vor einem Wasserfall steht, wundert sich vielleicht, wo nur so viel Wasser herkommen kann. Das Wasser strömt und strömt und strömt. Gott möchte uns in der Taufe mit dem Wasser des Lebens überströmen. Er gießt seinen Geist und seine Gnade auf uns aus in Überfülle.

Das Sakrament der Taufe ist von vielen Symbolen und Riten geprägt, die eine tiefe Wirklichkeit und Wahrheit ausdrücken wollen. Ich sehe die Taufe – so wie jedes andere Sakrament auch – als Chance, den lebendigen Gott, aber auch die Kirche, in einer Feier positiv zu erleben. Je positiver diese Begegnung von allen Mitfeiernden erfahren wird, umso näher kommt die Taufgemeinde diesem Gott des Lebens und der Gemeinschaft der Kirche.

Das menschliche Leben ist heute vielen Bedrohungen und negativen Einflüssen ausgesetzt, so dass der Wunsch nach Schutz und Sicherheit für die Kinder bei vielen Eltern eine große Bedeutung hat. Sogar Eltern, die ihr Kind nicht mehr taufen lassen, veranstalten gerne profane Namensgebungsfeiern oder andere Rituale, in denen sie den Wunsch ausdrücken, dass das neugeborene Kind Schutz und Segen bekommen soll, den es sich nicht selber geben kann.

Die Texte, Symbole, Rituale und kreativen Gestaltungshinweise in diesem Buch möchten anregen, selber in der Gestaltung der

Taufe aktiv zu werden und die Taufe zu einem persönlichen, gemeinschaftlichen und spirituellen Fest werden zu lassen.

Dieses Buch mit seinen vielen praktischen Impulsen möchte für Eltern, Paten und Seelsorger eine Anregung und Hilfe sein, die Taufe kreativ zu gestalten. Viele Elemente lassen sich auch gut in einer Feier der Tauferneuerung – z. B. bei der Erstkommunionvorbereitung – anwenden.

Danken möchte ich allen, die mir bei der Gestaltung dieses Buches behilflich waren: Helga Adlmaninger, Herbert und Sigi Freudenthaler, Regina Freudenthaler, Martina und Heinz Fuchsig, Harald Kamleitner, Christian Kuster, Jürgen Rastl, Maria Schmadl, Sigrid Weinberger, Ingrid Nedl, Volksschule Terfens.

Br. Franz Wenigwieser OFM

1. Die Vorbereitung der Taufe

Taufe – warum?

- Eltern, die um die Taufe ihres Kindes bitten, stellen ihr Kind in die Liebesgeschichte Gottes hinein.
- Jedes neugeborene Kind erfährt sein Angewiesensein auf liebevolle Menschen, die es tragen, pflegen, ernähren, zärtlich berühren, behüten, schützen, liebkosen …
  In der Taufe wird sichtbar ausgedrückt, was schon von Anfang an ist: dass jedes Kind, mehr noch als auf alles andere, auf Gott angewiesen ist. Ohne Luft, Sonne, Wasser, Liebe gibt es kein Leben. Ohne Segen Gottes kann niemand bestehen – wie auch ein Fisch ohne Wasser nicht leben kann, ob er es glaubt oder nicht. Gott lässt die Sonne aufgehen über Gute und Böse.
- Weiters erfahren wir in der Taufe, dass wir nicht nur Kinder dieser Welt sind, sondern Gottes unendlich geliebte Kinder, an denen er sein Wohlgefallen hat.
- „Die Kleinen glauben durch andere." *(Thomas von Aquin)*
  So wie die noch ungeborenen Kinder teilhaben an der mütterlichen Ernährung, so haben die noch unmündigen Kinder teil am Glauben der Kirche. „Andere" bezieht sich nicht unbedingt auf die Eltern und Paten, sondern meint die ganze Gemeinschaft der Kirche. Glaube ist immer auch Teilhabe am Glauben der anderen und ihrer Gemeinschaft. Die Kindertaufe kann als Eröffnung eines Glaubensraumes oder als Beginn eines Glaubensweges verstanden werden.

Die Entscheidung ermöglichen!

Manche christlichen Eltern lassen ihr Kind nicht (mehr) taufen, denn es soll sich später selber für die Religion und die Kirche entscheiden. Dazu ist zu sagen, dass vieles im Leben des Kindes bereits entschieden ist (Muttersprache, Eltern, Geburtsland, Geburtsort, Geschwister, Geschlecht, Hautfarbe, Gene, arm oder reich, gesund oder behindert usw.). Viele Entscheidungen müssen von den Eltern getroffen werden, bis das Kind fähig wird, diese selber zu treffen, z. B. Wohnort, gesunde Ernährung usw. Jene Werte (wie z. B. Sauberkeit, Beziehung zu Gott usw.), die den Bezugspersonen wichtig sind, werden sie auch an die Kinder weitergeben. Ein Kind kann sich nur dann für oder gegen etwas entscheiden, wenn es dieses bereits kennen lernen durfte.
Wie will ein Kind eine glaubwürdige Aussage über Kurdistan oder NYHA machen, wenn es noch nie etwas darüber gesehen oder gehört hat?
Die Aufgabe und Verantwortung der Eltern und Paten ist es, den Kindern die Welt zu erschließen (dazu gehören Kultur, Sprache, Religion, Politik, Wirtschaft, Werte, Solidarität, Wissen, Erfahrung …), um ihnen eine bewusste Entscheidung zu ermöglichen. Je mehr Bereiche in der Erziehung und Bildung erschlossen werden, umso bunter und weiter wird die Welt des Kindes.

Erwachsenentaufe

Bei der Taufe Erwachsener geht es stärker um das entschiedene Bekenntnis zu Christus, der zur Nachfolge ruft. Weiters wird das Ja zur Gemeinschaft der Kirche, ebenso das Ja der Kirche zum Taufbewerber ausgedrückt. Der Taufbewerber wird durch das „Katechumenat“, den Taufunterricht, in den christlichen Glauben eingeführt.

Fragen zum Nachdenken

Ich lasse mein Kind taufen, …

- weil es ein schöner Brauch ist.
- weil es sonst nicht zur Erstkommunion gehen kann.
- weil es sonst keine Taufpaten hätte.
- weil ein Segen nicht schaden kann.
- weil die Verwandten so drängen.
- weil die Eltern uns sonst nicht mehr finanziell unterstützen würden.
- weil wir kirchlich heiraten wollen.
- damit es nicht in die Hölle kommt.
- damit es im Kindergarten nicht als Heide (Heidin) bezeichnet wird.
- damit es später keine Nachteile hat.
- damit es den Religionsunterricht besuchen kann.
- damit es einmal in den Himmel kommen kann.
- ……………………………………………………………………

Die Taufe – ein heilendes Ritual

Rituale geben Halt

Es gilt, der inneren Kraft des Rituals zu glauben, denn das Ritual besitzt „eine eigene Kraft, eine innewohnende (Wirk-)Mächtigkeit, die den Menschen nicht nur vor seine Ängste und Hoffnungen bringt, sondern auf diesem Weg vielleicht hinführt vor jenes Geheimnis, welches sein Leben (in seinen Tiefen) immer schon ist, von dem er vielleicht noch dunkle und unaussprechliche Ahnungen hat, die aber in der Feier des Rituals auch gehoben werden.“ *(Claudia Hofrichter)*

Die Taufe ist wie jede liturgische Feier letztlich auf das Heilshandeln Gottes hingeordnet. Dabei wird einerseits an das Paschamysterium erinnert, die Befreiung der Israeliten aus der Sklaverei in Ägypten, andererseits an das Christusmysterium, die Erinnerung an seine Lebenshingabe am Kreuz. In der Feier der Liturgie wird das Heilshandeln Gottes durch die Erzählung der Geschichte und die Antwort des Menschen immer wieder neu „in Szene gesetzt". Insofern ist die Liturgie immer Ereignis und Handlung gleichermaßen. Der geformte und gewachsene Ritus gibt – solange er lebendig ist – Sicherheit und Ruhe, bleibt Manifestation des Ewigen in einer Welt der Vergänglichkeit und des raschen Wechsels.

Anmeldung, Formalitäten, Urkunde

Zuständigkeit

Zuständig für die Taufe ist die Pfarre des ständigen Wohnsitzes des Taufbewerbers. Falls die Taufe in einer anderen Pfarre stattfindet, bedarf es einer Tauferlaubnis durch die Wohnpfarre.
Die Taufurkunde wird vom Pfarramt, in dem das Kind getauft wird, ausgestellt und normalerweise während oder nach der Taufe überreicht.

Taufspender

Der Taufspender ist eigentlich Gott selber, der in den heiligen Sakramenten wirkt und uns nahe sein möchte. Die Taufe kann in der katholischen Kirche von einem Priester, von einem Diakon, mit Erlaubnis des Bischofs auch von einem Pastoralassistenten oder einer Pastoralassistentin gespendet werden. Bei Lebensgefahr kann die Nottaufe von jedem Christen gespendet werden.

Dokumente für die Anmeldung

Meldezettel, falls dem Pfarrer die Wohnadresse nicht bekannt ist.

- *Bei Kindern kirchlich getrauter Eltern:*
  Geburtsurkunde des Kindes
  Trauungsschein der Eltern
  Taufscheine der Eltern
- *Bei Kindern standesamtlich verheirateter Eltern ohne kirchliche Trauung:*
  Geburtsurkunde des Kindes
  Standesamtliche Heiratsurkunde der Eltern
  Taufscheine der Eltern
- *Bei Kindern nicht verheirateter Eltern:*
  die Geburtsurkunde des Kindes
  Taufschein der Mutter
  Taufschein des Vaters, falls dieser auf der Geburtsurkunde eingetragen ist.

Der Taufpate (die Taufpatin)

Aufgaben/ Verantwortung

Das Wort „Pate" kommt von „pater spiritualis" und heißt so viel wie „geistlicher Vater". Dabei geht es vorwiegend um eine geistliche Unterstützung der Eltern und des Kindes, weniger um materielle Hilfe, außer in sozialen Notfällen.

Das Patenamt ist der verantwortungsvolle Dienst, den Eltern bei der schwierigen Aufgabe der christlichen Erziehung und der Vermittlung von christlichen Werten vorbildhaft und glaubwürdig beizustehen. Wer diese Verantwortung nicht tragen will, möge ehrlich zu sich selber sein und sich fragen, ob er diese Aufgabe glaubwürdig erfüllen kann.

Falls von den Eltern kein Pate gefunden wird, möge das Gespräch mit dem Seelsorger gesucht werden. Möglicherweise ist jemand von der christlichen Gemeinde für diesen Dienst bereit.
Notfalls kann eine Taufe auch ohne Paten stattfinden.

Taufzeuge

Ein Taufzeuge ist ein Getaufter, der einer nichtkatholischen kirchlichen Gemeinschaft angehört. Zusammen mit einem katholischen Paten kann er bei der Taufe als Zeuge auftreten.

Rechtliche Voraussetzungen

- Er oder sie muss katholisch getauft und gefirmt sein und darf nicht aus der Kirche ausgetreten sein. Im Zweifelsfall ist eine Taufscheinergänzung des Paten zu bringen.
- Er oder sie muss bereit sein, diesen Dienst zu übernehmen.
- Er oder sie muss das 16. Lebensjahr vollendet haben.
- Er oder sie darf nicht Vater oder Mutter des Kindes sein.
- Er oder sie darf nicht mit einer kirchlichen Strafe behaftet sein.

Aus pastoralen Gründen möge bei rechtlichen Mängeln um Dispens (Ausnahmebewilligung) beim bischöflichen Ordinariat angesucht werden.

Taufsprüche

In vielen Familien ist es Brauch, einen Tauf- oder Lebensspruch für das Kind zu wählen.

> Jedes Kind bringt die Botschaft, dass Gott die Lust am Menschen noch nicht verloren hat.
>
> *(Rabindranath Tagore)*

Kinder sind eine Gabe des Herrn, die Frucht des Leibes ist sein Geschenk.

(Psalm 127,3)

Wir heißen Kinder Gottes und sind es.

(Johannesbrief 3,1)

Wer so klein ist wie dieses Kind, der ist im Himmelreich der Größte.

(Matthäus 18,4)

Und er nahm die Kinder in seine Arme; dann legte er ihnen die Hände auf und segnete sie.

(Markus 16,10)

Solange Kinder klein sind, gib ihnen Wurzeln, wenn sie älter geworden sind, gib ihnen Flügel.

(Indisches Sprichwort)

Wir müssen verrückt gewesen sein vor Hoffnung, als wir dich warfen in diese Welt.

(Wolf Biermann)

Egal, ob das Kind Mama oder Papa ähnlicher sieht, am ähnlichsten sieht es Gott, es ist sein Ebenbild.

Jedes Kind hat in der Liebe Gottes seinen tragenden Grund und ist gleichzeitig zur Liebe berufen.

Mit jedem Baby beginnt eine neue Liebesgeschichte Gottes in der Welt.

Mit einer Kindheit voll Liebe kannst du ein ganzes Leben lang aushalten.

(Jean Paul)

Kinder sind keine Fässer, die gefüllt, sondern Feuer, die entzündet werden sollen.

(Rabelais)

Ein Kind ist ein Buch, aus dem wir lesen und in das wir schreiben können.

(Peter Rosegger)

Denkst du an ein Jahr, säe ein Samenkorn;
Denkst du an ein Jahrzehnt, pflanze einen Baum;
Denkst du an ein Jahrhundert, erziehe einen Menschen.

(Aus China)

Leben heißt, langsam geboren werden.

(Antoine de Saint-Exupéry)

Wenn wir wahren Frieden in der Welt erlangen wollen, müssen wir bei den Kindern anfangen.

(Mahatma Gandhi)

Taufgespräch

Normalerweise findet vor der Taufe mit den Eltern und Paten ein Taufgespräch statt. Bei diesem Gespräch geht es um die Anliegen und Fragen der Eltern und Paten, ebenso um die Bedeutung der Taufe und die konkrete Gestaltung der Feier.

Gesprächs-modell

- Sich vorstellen und einander kennen lernen
- Gemeinsames Gebet
- Taufe warum?
  - Taufe Jesu
  - Aufnahme in die Gemeinschaft der Kirche
  - Mitteilung des Heiligen Geistes
- Name, Namenspatron, Namenstag
- Wie geht es mir mit der Kirche?
  - Positive Erfahrungen
  - Negative Erfahrungen
  - Übergabe eines Pfarrbriefes mit den aktuellen Angeboten der Pfarre
  - Was können wir von der Pfarre für Sie tun?
- Voraussetzungen für die Kindertaufe:
  - Glaube der Eltern, Paten und der Gemeinde
  - Übernahme der Verantwortung für die christliche Erziehung: Was heißt „christlich erziehen" konkret?
- Taufliturgie besprechen
  - Auswahl des Tauf-Evangeliums und Gespräch über den Text
  - Auswahl der Elemente der Liturgie, welche persönlich gestaltet werden: ev. Gestaltung eines Taufheftes für die Mitfeiernden: Begrüßung, Fürbitten, Heiligenlitanei, Gebete, Text zum Namenspatron, Lieder, Patenurkunde, Taufkerze, Taufkleid …
- Formalitäten
- Offene Fragen der Eltern und Paten
- Was nehmen Sie von diesem Gespräch heute mit?

Taufkatechese

Katechese ist die Einführung in den christlichen Glauben, die zu einem gesunden Vollzug hinführen möchte (2 Tim 1,13f). „Katechein" bedeutet so viel wie „jemanden persönlich unterweisen" (vgl. Apg 8,26–40).

Der Taufbewerber sollte vom Hören zum Glauben, vom Glauben zur Hoffnung und von der Hoffnung zur Liebe gelangen *(vgl. Augustinus).* In der Zeit der Kirchenväter (Augustinus/Cyrill) begann die Katechese mit der namentlichen Einschreibung der Taufbewerber zu Beginn der Fastenzeit.

Da die Dreigliedrigkeit eine Grundstruktur des Katechismus bildet (sowohl Taufformel als auch das Glaubensbekenntnis sind dreigliedrig; der Apostel Paulus verweist auf die drei Grundhaltungen Glaube, Liebe und Hoffnung), kann eine dreigliedrige Katechese sinnvoll sein. Dies kann an drei Abenden geschehen, an denen die Eltern und Paten aller Taufbewerber teilnehmen.

1. Einführung und gegenseitiges Kennenlernen aller Eltern, Paten und Vertreter der christlichen Gemeinde.
2. Vertiefende Einführung zum christlichen Glaubensvollzug. Katechese muss die Zeichen der Zeit verdeutlichen und darf nicht an frommen Sprüchen und einer schönen Liturgievorbereitung hängen bleiben. So wird die Glaubens- und Lebensschule nicht an der Ökumene, an der sozialen Ungerechtigkeit (arm – reich), am karitativen Dienst, an den Problemen der Gesellschaft vorbeikommen.
3. Konkrete Vorbereitung der Taufliturgie. Es ist wichtig, dass die Aufgaben möglichst gut verteilt werden. Jeder Beteiligte sollte die Chance bekommen, zumindest einen Teil zu übernehmen.

Eingliederung in die Pfarrgemeinde/Kirche

Initiation Durch Taufe, Eucharistie und Firmung vollzieht sich die Initiation in die katholische Kirche. Durch diese drei Sakramente haben wir Anteil an der vollen Gemeinschaft der Kirche. In der Realität ist aber die Firmung leider oft der Auszug aus der Kirche.

Eingliederung Durch die Taufe werden wir Mitglied in der Gemeinschaft der Kirche. „Wenn nicht die Kirche eine Kirche der Sünder wäre, hätte ich keinen Platz darin." Dieses tröstende Wort ist für viele ein Anstoß zugleich. Wir werden in eine menschliche Kirche aufgenommen, in der es auch unmenschlich zugeht, aber auch in eine heilige Kirche, weil der Heilige Geist in ihr wirkt. Die Heiligen sind lebendige Zeugen, dass der Heilige Geist auch in jedem Getauften menschliche Gestalt annehmen möchte. Paulus sagt: „Durch den einen Geist wurden wir in der Taufe alle in einen einzigen Leib aufgenommen." (1 Kor 12,13)

Gratulation der Pfarrgemeinde zur Geburt

Um von einer Geburt im Pfarrgebiet (außer in kleinen Dörfern) zu erfahren, bedarf es aufgrund des Datenschutzes eines gezielten Wohnviertelapostolates, in dem Christen sich für eine Region, ein Dorf oder eine Straße der Pfarre verantwortlich fühlen. Nur mit einem Team von lebendigen Christen ist es möglich, eine „Kirche unterwegs" zu sein, die auf die Menschen zugeht und nicht abwartet, bis jemand kommt. Gerade Neuzugezogene oder Fernstehende tun sich oft schwer, die Anonymität zu durchbrechen und Kontakt mit der Pfarre aufzunehmen. Falter zur Information über die Anmeldung zur Taufe am Schriftenstand können dazu beitragen, diese Hemmschwelle zu überwinden.

Glückwunschschreiben

GRATULATION

Im Namen der Pfarrgemeinde ... darf ich Ihnen als Seelsorger sehr herzlich zur Geburt Ihres Kindes gratulieren.
Vielleicht geht es Ihnen auch wie dieser jungen Familie:

Wir haben
mehr Schmutzwäsche
kürzere Nächte
weniger Freizeit
höhere Verantwortung, aber
4,09 kg mehr Glück und
51 cm mehr Freude.

Für mich bringt jede Geburt eines Kindes die Botschaft, dass Gott die Freude am Menschen noch nicht verloren hat.

Falls Sie Ihr Kind unter den Segen Gottes stellen wollen und ihm das Wasser des Lebens zuteil werden lassen möchten, lädt die Pfarrgemeinde ... Sie zur Taufe ein.

Nähere Informationen zur Taufe sind in der Pfarrkanzlei erhältlich. Ein Falter zur Anmeldung der Taufe liegt am Schriftenstand in der Kirche auf und ist im Schaukasten bei der Kirche ersichtlich.

Zum Taufgespräch und zur Vorbereitung der Taufe kommen wir gerne in Ihr Haus. Wenn Sie möchten, wird auch ein Termin im Pfarrhaus vereinbart.

Unterschrift Tel./E-Mail

Mit der Gratulation zur Geburt kann auch ein Blumenstrauß der Pfarre als Glückwunsch zur Geburt überreicht werden.

Fragen an den Seelsorger

Ich als Priester taufe (Kinder), weil …

- Jesus sich auch taufen ließ.
- ich mich über jedes neue Mitglied der Kirche freue.
- Christ sein ein sinnvolles Ziel ist.
- in der Taufe das Ja Gottes zu den Menschen ausgedrückt wird.
- das Sakrament ein Geschenk Gottes ist.
- die Würde des Menschen zum Ausdruck kommt.
- die Taufe eine Neugeburt aus Wasser und Heiligem Geist ist.
- wir den Segen Gottes dringend brauchen.
- das Feiern eine Begegnung Gottes deutlich macht.
- Rituale mehr als Worte sagen.
- Gott dem Kind mit seinem Segen und seiner Liebe zuvorkommt.
- Ich jedes Kind in die Hand des dreifaltigen, liebenden Gottes legen möchte.
- ……………………………………………………………

Taufmodelle

Für die Tauffeier sind verschiedene Modelle möglich. Diese sind von Gemeinde zu Gemeinde unterschiedlich. In manchen Gemeinden gibt es fixe Tauftermine, die regelmäßig angeboten werden. Im Gespräch mit dem Seelsorger oder dem Vorbereitungsteam ist eine passende Form zu wählen:

- Taufe in der Osternachtfeier
- Taufe im Rahmen einer Eucharistiefeier oder der Familienmesse
- Taufe im Kreis der Familie/Verwandten und Freunde
- Taufe mit einem Elternteil
- Taufe mehrerer Kinder verschiedener Familien der Gemeinde in einer Feier
- Taufe im Kindergarten- oder Grundschulalter mit der Gruppe bzw. Klasse
- Taufe Jugendlicher oder Erwachsener
- Taufe im Krankenhaus (Nottaufe)

Kreative pastorale Elemente

- Einmal jährlich wird ein Gottesdienst gefeiert, zu dem alle im vergangenen Jahr getauften Kinder sowie deren Eltern und Paten eingeladen werden. In manchen Pfarren besteht bereits die Tradition, zu Mariä Lichtmess (2. Februar) einen solchen Gottesdienst zu feiern.
- Fotos und eine kurze Beschreibung aller Täuflinge eines Jahres werden kreativ in der Kirche angebracht.
- Neben dem Seelsorger ist beim Taufgespräch ein weiterer Vertreter der Pfarre (Pfarrgemeinderat, Liturgieteam) anwesend. Dadurch kommt zum Ausdruck, dass die Kirche eine Gemeinschaft darstellt.

- Am Sonntag wird bei den Verlautbarungen die Taufe verkündet und dabei am Altar eine Kerze für den Täufling angezündet.
- Von einem Gemeindemitglied wird ein Brief als Gruß an die Familie des Täuflings gesandt.
- Bei der Taufe wird der Familie ein Geschenk der Gemeinde überreicht.
- Aus Freude über das neue Mitglied wird bei der Sonntagsmesse applaudiert oder ein Lied für das neu getaufte Kind gesungen und dieses somit herzlich willkommen geheißen.
- Bei der Sonntagsliturgie wird eine Karte an die Eltern durchgegeben, auf der alle unterschreiben.
- Das Pfarrblatt mit den aktuellen Angeboten wird den Eltern und Paten überreicht.
- Die Familie wird von einem Pfarrverantwortlichen in einem persönlichen Gespräch zum aktiven Engagement in der Pfarre eingeladen (z. B. Kinderliturgie).

Die Taufkerze und ihre Symbole

Das Entzünden der Taufkerze besagt, Jesus möge den Lebensweg des Kindes hell und warm machen. Die Taufkerze kann mit Blattwachs von den Geschwistern, Eltern, Paten oder Verwandten mit christlichen Symbolen, dem Namen und dem Taufdatum selbst gestaltet werden.
„Christliche Symbole sollen unsere Siegel sein“, betonte schon der Kirchenvater Klemens von Alexandrien.

Tau Der griechische Buchstabe „T“ war schon in der Frühzeit des Christentums ein Symbol des Kreuzes. Bereits der Prophet Ezechiel (Ez 9,4ff) weist auf dieses Symbol hin. Wer das Tau als Zeichen

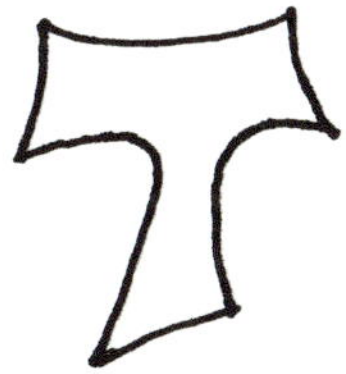

des lebendigen Gottes auf der Stirn trägt, wird gerettet werden. Das Tau ist somit ein Zeichen der Auserwählten und des Lebens. Wir sollen selber zum Zeichen des Lebens für andere werden (Tau-Träger). Das Tau taucht auch als Grundriss von Kirchenbauten auf.
Der hl. Franziskus machte sich dieses Zeichen zu Eigen und verwendete es als Wappen und Unterschrift für seine Briefe.

Fisch

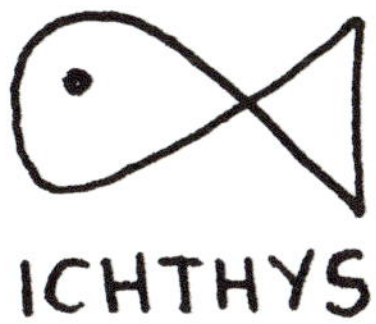

Der Fisch als urchristliches Symbol galt in der Urgemeinde als Geheim- und Erkennungszeichen. Die einzelnen Buchstaben des griechischen Wortes ICHTHYS (Fisch) bildeten ein kleines Glaubensbekenntnis: I (Jesus), CH (Christus), TH (Gottes), Y (Sohn), S (Erlöser). Jesus holt die ersten Jünger bei ihrem vertrauten Beruf (Fischer) ab und führt sie ein in ihre wahre Berufung, nämlich Menschenfischer zu sein.

Flamme

Die Flamme weist auf Jesus hin, der für die Christen das Licht der Welt ist. (Joh 8,12)
Auch die Christen sollen Salz der Erde und Licht der Welt sein. (Mt 5,14)

Sonne

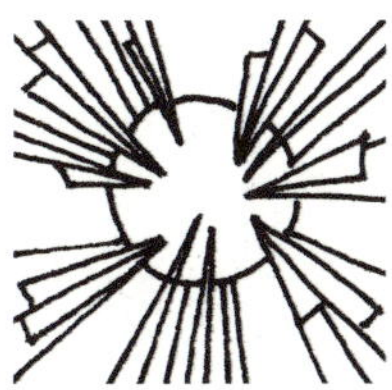

Die Sonne als Licht-, Wärme- und Lebensquelle wurde schon immer mit Gott in Verbindung gebracht. In der alten Kirche schworen die Täuflinge bei der Taufe Richtung Osten – der aufgehenden Sonne zugewandt – Gott die Treue und bekannten ihren Glauben.

Kreuz

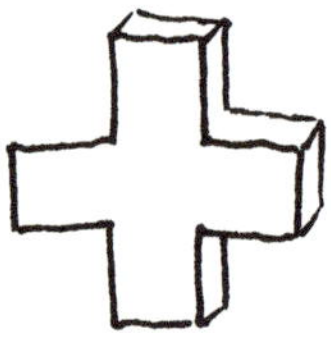

Das Kreuz war bereits vor dem Christentum ein weit verbreitetes Symbol (z. B. das Sonnensymbol des Rades, Wegkreuzungen usw.). Durch Jesus wurde es zum Sinnbild des Leidens und des Sieges über den Tod. Das Symbol des Kreuzes kommt in sehr verschiedenen Formen vor (vgl. Andreaskreuz, Hakenkreuz …).

Wasser

Wasser, das wie ein Bächlein aus einer Quelle entspringt, über viele Hindernisse und an schönen Plätzen vorbei durch das Leben fließt und einmal wieder in den Ozean Gottes eintaucht, ist ein Ursymbol des Lebens.

Taube

Die Taube ist ein Symbol für den Heiligen Geist. Im Schöpfungsbericht schwebte der Geist über den Wassern (Gen 1,2). Bei der Taufe Jesu schwebte er wie eine Taube als sichtbares Liebeswort des Vaters über ihm (Mt 3,16). Wie eine Brieftaube bringt er eine gute Nachricht. Die Taube mit dem Ölzweig ist ein Symbol für den Frieden und die Versöhnung, die Gott dem Noah gewährte (Gen 8,11). Ein weißes Taubenpaar ist ein populäres Liebessymbol.

Schiff

Das Schiff, das durch die Gefahren der Welt dem sicheren Hafen Gottes zusteuert, gilt als Symbol für die Kirche und die Fahrt des Lebens.

Anker

Der Anker ist ein Symbol für Hoffnung und Zuversicht. Er dient dem Schiff bei Stürmen als Halt. In der Zeit der Christenverfolgung diente ein Anker mit einer Querstange als verstecktes Kreuz.

Schmetterling

Der Schmetterling ist durch die Verwandlung der Raupe im Kokon in allen Religionen ein Symbol für das Leben und für uns Christen ein Symbol für die Auferstehung.

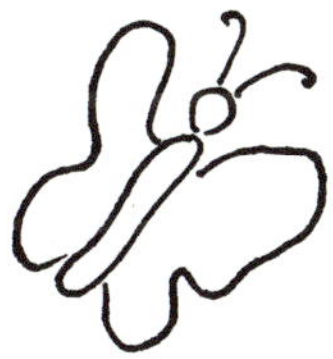

Name/Namenspatron

Jesus sagte einmal: „Freut euch darüber, dass eure Namen im Himmel verzeichnet sind." (Lk 10,20)
Ein christlicher Brauch ist es, den Namen eines bedeutenden Menschen der Heilsgeschichte zu wählen, um das Kind dessen Schutz anzuvertrauen. Der Name gibt dem Kind die erste Identität. Zur Namensfindung stehen Bücher mit vielen Namen, deren Bedeutung und wenn vorhanden einer Beschreibung des Heiligen zur Verfügung.

Gestaltung

- Den Namen des Täuflings rufen (laut, leise, verliebt ...), z. B. zur Begrüßung, wenn mehrere Kinder anwesend sind.
- Bei der Liturgie vom Namenspatron erzählen und den Text oder ein Bild überreichen (Pate, Verwandter ...)
- Ein Namenskreuzwort mit dem Namen des Täuflings bilden (z. B. für das Taufheft). Positive Eigenschaften oder Wünsche, die dem Kind zuteil werden sollen, werden mit dem Namen verbunden – z. B. Magdalena:

MENSCHLICHKEIT
AUSSTR**A**HLUNG
BEZIEHUN**G**SFÄHIGKEIT
LEBEN**D**IGKEIT
B**A**RMHERZIGKEIT
FRÖH**L**ICHKEIT
GEBORG**E**NHEIT
LEBE**N**SSINN
DANKB**A**RKEIT

Taufsymbole

Die vielen Bilder und Symbole lassen uns in einen tiefen Brunnen schauen, in dem sich das Geheimnis unseres Lebens, wer wir eigentlich sind, widerspiegelt.

Taufkerze Die Taufkerze erinnert an Christus, der für uns sein Leben hingab und für uns das Licht der Welt ist.

Chrisam Chrisam ist eine Mischung von Olivenöl und Balsam. Der Getaufte gehört nun Christus an, der gesalbt ist zum Priester, König und Propheten. Der Taufspender zeichnet mit dem wertvollen Öl ein Kreuz auf die Stirn des Täuflings.

Wasser Das Wasser ist ein Ursymbol des Lebens, ohne Wasser ist Leben nicht möglich. Der Mensch besteht zu einem großen Teil aus Wasser. Zu Beginn unseres Lebens befinden wir uns neun Monate im Fruchtwasser.

Taufkleid Das Taufkleid ist ein Zeichen des neuen Lebens in der Gemeinschaft mit Christus, das mit der Taufe begonnen hat.

Kreuzzeichen

Das Kreuzzeichen ist ein Bekenntnis zum dreifaltigen Gott, dem wir alles verdanken.

Weihwasser

Das Weihwasser, das in der Osternacht gesegnet wird, erinnert uns an die Taufe.

Osterkerze

Diese Kerze ist ein Symbol für die Feuersäule, die den Israeliten vorausleuchtete, als sie durch das Rote Meer gingen. Sie ist ein Zeichen für die Auferstehung. Das Licht der Auferstehung besiegt die Dunkelheit und den Bruder Tod.

Hand-auflegung

Die Hände werden über Kreuz auf den Kopf gelegt, so dass sie das Bild Christi darstellen. Die verschränkten Hände bilden das X (griechisches „chi" für „ch"), den ersten Buchstaben von Christos, sie bilden zugleich das Bild des erlösenden Kreuzes.

Glaube als Fundament der Taufe

Die Liebe Gottes, auf die sich die menschliche Existenz gründen kann, wird uns in der Erfahrung des Geistes Gottes, der uns „auf die Beine stellt", geschenkt: Wenn dieser Geist uns ergreift, lehrt er uns den aufrechten Gang, den Gang derer, die sich nicht mehr verkriechen oder klein machen müssen, weil Gottes Geist sie auf die Füße gestellt hat! Glauben – das ist der aufrechte Gang, der muss uns geschenkt sein, den muss der Geist mit uns einüben. Je tragfähiger das Fundament (des Glaubens) ist, umso einfacher gestaltet sich der aufrechte Gang des (Glaubens-)Lebens.

Der Glaube als dreifacher Akt

Der Glaube kann als ein Akt des Verstandes, ein Akt des Willens und ein Akt des Gefühls gedeutet werden.

Akt des Gefühls

Der gesunde Glaube drückt sich in meinen Emotionen aus. Das lateinische Wort „credo“ (ich glaube) macht dies deutlich. Es setzt sich aus den Begriffen „cor“ und „dare“ zusammen und heißt übersetzt „das Herz schenken“.
Mein Herz schenke ich nicht jedem, sondern nur jenen, denen ich vertrauen kann, jenen, die ich liebe, jenen, die mich zutiefst lieben und bejahen.
Von diesem Herzensglauben spricht auch das wichtigste Gebot in der Bibel: „Du sollst den Herrn, deinen Gott, lieben mit ganzem Herzen und ganzer Seele, mit all deiner Kraft, und deinen Nächsten lieben wie dich selbst“ (vgl. Mk 12,30.31).
Glaube als Vertrauen bedeutet, ich traue jemandem zu, dass er oder sie es gut mit mir meint. Ein Kind besitzt dieses Ur-Vertrauen, diesen Urglauben. Vom Vertrauen in Gott spricht auch die Bibel. Jesus sagt oft: „Dein Glaube hat dir geholfen.“
Vertrauen heißt auch, dass ich meine Ängste abgeben kann, weil ich mich getragen, geliebt, gewollt … fühle.

Akt des Willens

Zum Glauben gehört auch die Willensentscheidung. Der Weg des Glaubens ist ein Weg der Entscheidung und Unterscheidung. Die Glaubenskrise im Leben jedes Christen ist nicht etwas Abnormales, sondern das Normale. Wer glaubt, ist mitten in der Krise. Krise bedeutet so viel wie Entscheidung. Der Glaubende muss sich täglich neu für Christus entscheiden. Der Glaube drückt sich in den vielen kleinen und großen Gewissensentscheidungen meines Lebens aus.

Ich entscheide mich dafür, Gott und den Nächsten zu lieben. Ich entscheide mich für das Leben, für die Ehrfurcht vor der Schöpfung, für die Würde des Menschen usw.

Akt des Verstandes

Dazu eine kleine Anekdote: Ein Bischof besuchte bei seiner Visitation in einer Pfarre auch die Schüler einer Hauptschule. Bei der Frage des Bischofs, wie denn die vier Evangelisten heißen, war nur „Schweigen im Wald" zu hören. Schließlich meldete sich ein Schüler in der letzten Reihe und meinte: „Petrus und Paulus". Am Abend bei der Pfarrgemeinderatssitzung erzählte dies der Bischof voll Verwunderung über das Unwissen der Schüler. Worauf einer der Pfarrgemeinderäte meinte: „Was hat er denn, der Bischof, zwei haben sie ja gewusst!"
Zum Glauben gehört auch das Verstehen, die Einsicht, das Wissen, die Erkenntnis, die uns der Geist Gottes schenken will (vgl. die sieben Gaben des Heiligen Geistes). Wichtige Glaubensinhalte sind in den Dogmen zusammengefasst. Dogmen sind immer dann festgelegt worden, wenn falsche Deutungen gemacht wurden. Die Dogmen sagen auch immer etwas über den Menschen aus (z. B.: „Maria, ohne Erbsünde empfangen" – auch ich bin auserwählt, heilig und ohne Sünde zu sein. Dort, wo Christus ist, hat die Sünde keine Chance.
Nicht alles jedoch im Leben und Glauben können wir verstehen, denn Gott bleibt letztlich ein Geheimnis. Der Glaube hilft uns aber, unser Leben gut zu deuten, umzudeuten, die Welt und unser Leben mit den Augen Gottes zu sehen und zu deuten. Eine Frau erzählte mir einmal, sie fühle sich zum „Kotzen", wenn sie sich im Spiegel sehe. Ich war sehr betroffen von dieser Sichtweise und schrieb dieser Frau folgenden Brief:

Ja ich finde, du bist wirklich zum

Kreativ
Ordentlich
Traumhaft
Zärtlich
Ehrlich
Nett

Diese Umdeutung (reframing) half der Frau, ihr Leben neu zu sehen und zu deuten.

Das Sakrament der Taufe

Geheimnis

Jedes Sakrament ist ein Geheimnis unseres Glaubens. Gott möchte uns in den Sakramenten Heimat anbieten. In der Taufe wird nicht nur über das Kind gesprochen; sondern wir feiern sein Geheimnis der Würde, der Einmaligkeit, der Freiheit.

Die zuvorkommende Liebe Gottes

Die Taufe ist das Zeichen der zuvorkommenden Liebe Gottes. Zu Beginn wichtiger Lebensabschnitte möchte Gott uns seine besondere Zuwendung und Nähe zuteil werden lassen:

- am Beginn des Lebens die Taufe,
- am Beginn des Erwachsenwerdens die Firmung,
- am Beginn der Ehe die Feier der Trauung,
- am Beginn schwerer Krankheit die Krankensalbung.

Diese Liebe Gottes ist bedingungslos. Nicht weil wir pflegeleicht sind oder etwas leisten, liebt uns Gott, sondern einfach so. Gott sagt: „Ich liebe dich, so wie du bist.“ Daher wird das Sakrament am Beginn und nicht am Ende eines Lebensabschnittes gefeiert.

Eins werden mit Christus

In der Taufe werden wir eins mit Gott. „So wie aus dem trockenen Mehl ohne Flüssigkeit kein Teig entstehen kann, so können auch wir nicht eins werden mit Christus ohne Wasser vom Himmel“ (Irenäus von Lyon). Durch die Taufe sind wir hineingenommen in das Schicksal Jesu. An uns ist geschehen, was an Christus geschah.

Neugeburt

„So wie der Same bei der Zeugung eingesenkt wird (wie in ein Bad eingetaucht), so wird die Seele im Taufbad für die Wiedergeburt eingetaucht“ (Clemens von Alexandrien). Das Eintauchen des Samens begründet neues Leben, ebenso das Eintauchen des Kindes in das Taufwasser. Das Johannesevangelium spricht von einer Neugeburt aus Wasser und Geist (Joh 3,5ff). Damit ist gemeint, dass der Geist Gottes den Menschen umwandelt, ihm ein neues Herz schenkt, so dass dieser den Willen Gottes nicht nur äußerlich hört, sondern innerlich davon betroffen auch lebt.

Tod und Auferstehung

Das Kind hat nicht nur ein irdisches Leben, es trägt in sich auch das göttliche Leben. Indem das Kind bereits Anteil an der Auferstehung Jesu hat, kann Bruder Tod nicht mehr das letzte Wort haben.

Nacktheit

Der frühen Kirche war es wichtig, dass der Täufling alle Kleider ablegte. Mit den alten Kleidern werden gleichsam die Gewohnheiten des alten Menschen abgelegt, um mit dem neuen Aussehen eine ganz neue Sichtweise des Lebens, eine neue Identität zu übernehmen. Nach dem Kirchenvater Maximus ist die Nacktheit des Täuflings ein Ausdruck für die Loslösung von den irdischen Dingen.

Nackt sein heißt auch schutzlos sein. Vor Gott dürfen wir so hintreten, wie wir wirklich sind. Wir brauchen uns nicht mit Widerständen, Abwehrmechanismen oder krank machenden Mustern schützen und kleiden.

Geist-mitteilung

Die Kirche glaubt daran, dass das Taufwasser mit der Leben spendenden Kraft des Heiligen Geistes erfüllt sei. Der Geist Gottes bringt uns in Berührung mit der göttlichen Kreativität. Dass die Taufe mit der Geistsendung zu tun hat, zeigt uns das Pfingsten der Heiden in der Apostelgeschichte. Der Heilige Geist kam schon auf die Menschen herab, noch bevor sie getauft wurden. (Apg 10,47ff)

Kind Gottes sein

Ich bin ein Wunschkind Gottes. Jedes Kind ist von Gott unendlich geliebt und gewollt, selbst wenn es von menschlicher Seite nicht geplant gewesen ist oder es den Eltern schwer fällt, das Kind anzunehmen (Behinderung etc.). Die Taufe bewirkt nicht nur am Kind etwas, sondern sie hilft auch allen Mitfeiernden, das Kind mit neuen Augen zu sehen, nämlich nicht bloß als ein Kind der Familie N., sondern als ein Kind Gottes.

Erbsünde

„Der Mensch zieht sich durch die Sünde Adams das Virus des alten Todes zu." (Zyprian)

Der Begriff der Erbsünde ist ein klassischer theologischer Ausdruck für die unheilvolle Verstrickung, die über jedem Leben liegt und es bedroht. Dieses Virus (Erbschuld), das uns schwächt, angefangen von den ererbten Genen bis hin zu den psychischen Familienstrukturen, wird in der Taufe abgewaschen. Das heißt, wir sind nicht mehr unausweichlich festgelegt oder verdammt, das Schicksal der Eltern und Generationen wie in einem ewigen Teufelskreis zu wiederholen, sondern dürfen wirklich neu anfangen. Die Taufe bewirkt ein neues Erbschaftsverhältnis, denn alle, die sich vom Geist Gottes leiten lassen, sind Kinder Gottes und damit Erben des neuen ewigen Lebens (vgl. Röm 8,14ff).

Sündenvergebung

Durch die Taufe werden wir auch von all unseren persönlichen Sünden reingewaschen. Dieses Bad reinigt unsere Seele. Die Vergebung der persönlichen Schuld bezieht sich auf die Taufe Erwachsener und stellt eine Erweiterung von der Befreiung der Erbsünde dar.

Annahme Gottes

Die Taufe Jesu ist Urbild und Vorbild unserer Taufe. Da Jesus sich solidarisch mit uns und stellvertretend für uns taufen ließ, gilt auch jedem von uns, der sich taufen lässt, das Wort des Vaters: „Du bist mein geliebter Sohn, meine geliebte Tochter, an dir habe ich Wohlgefallen" (Mt 3,17). Dieses Urwort, dass wir von Anfang an geliebt sind, ist der Urgrund unseres Seins. Dass wir Gott ganz gefallen, kann uns helfen, wenn wir – aus welchem Grund auch immer – uns selbst oder anderen nicht gefallen und uns darum nicht annehmen können. In der Taufe sagt Gott ein Ja zu uns, ohne Wenn und Aber.

Aufnahme in die Kirche

In welche Kirche werde ich aufgenommen? Durch die Taufe werde ich in die pilgernde Kirche, das ist die Kirche, die noch unterwegs ist, und in die vollendete Kirche, das sind alle Menschen, die schon bei Gott sind, aufgenommen. Wer Mitglied der Kirche ist, gehört weniger der Kirche, sondern vielmehr dem auferstandenen Herrn. Dies ist für uns Christen eine Ehre. Das Kind tritt durch die Taufe ein in den neuen Bund Gottes mit den Menschen.

Die gleiche Würde aller Getauften

Paulus leitet aus der Taufe die Aufhebung aller gesellschaftlichen Schranken ab. „Es gibt nicht mehr Juden und Griechen, nicht Sklaven und Freie, nicht Mann und Frau, denn ihr alle seid ‚einer' in Christus Jesus" (Gal 3,28). Durch die Taufe entsteht eine

Verbundenheit mit Christus, die alle unterschiedslos zu Kindern Gottes und Erben der Verheißung macht. Primär sind wir Kinder Gottes und erst sekundär gibt es in der Kirche verschiedene, unterschiedliche Dienste (Apostel, Propheten …).

Leben Die Feier der Taufe geht nach ein paar Stunden zu Ende, aber das Leben, das sie stiftet, bleibt.

Geburts- und Taufrituale in anderen Religionen

An den Wendepunkten des Lebens, so auch bei der Geburt, stehen in vielen Kulturen und Religionen Initiationsrituale.

Polytheismus der Ägypter Bereits die Ägypter kannten das Weihwasser und die Taufe. Der Pharao ließ sich jährlich von den Göttern taufen. Die Taufe selber wurde jedoch vom Hohepriester vollzogen. Eine Darstellung der Taufe des Pharao im Tempel von Theben zeigt den Gott Horus als Falken, der Schutz bietet. Das scharfe Auge des Falken wacht über die Menschen. Horus gießt über den Pharao aus einem Gefäß Leben aus (Hank, ein Zeichen des Lebens). Auf der linken Seite steht der Gott Thot, dargestellt als Ibis, das bedeutet: So wie ein Ibis mit seinem Schnabel im Boden die Insekten sucht, so sucht Gott die Weisheit. Thot gießt über dem Pharao das Zepter aus (Zepter = Zeichen für die Macht).

Judentum Wer ein Kind einer jüdischen Mutter ist oder zum Judentum konvertiert, ist Jude. Es bedarf keines Rituals, um dieser Religion anzugehören. Das Bundeszeichen ist die Beschneidung, seit Abraham symbolisiert sie die Zugehörigkeit zum Volk Israel.

Vor dem Eingang der ägyptischen Tempel befand sich der heilige See, in den die Priester und der Pharao eintauchten, bevor sie in das Heiligtum des Tempels eintraten (vgl. Weihwasserbecken in den katholischen Kirchen).

Sie hat Parallelen mit unserer Taufe. Acht Tage nach der Geburt werden die Knaben beschnitten. Der Neugeborene wird auf einem Kissen liegend auf den Schoß des Paten gelegt. Die Beschneidung (Britmila) wird von einem Mohel in einem weißen Gebetsmantel vorgenommen, der über besondere medizinische Kenntnisse und ein religiöses Pflichtbewusstsein verfügt. Während der Beschneidungszeremonie verkündet der Vater feierlich: „Unser Sohn soll N. heißen". Die Mädchen werden wenige Tage nach der Geburt gesegnet.
Jüdische Eltern geben ihren Kindern meist zwei Namen, einen gewöhnlichen Vornamen und einen hebräischen Namen, der an bedeutende Vorfahren erinnert, z. B. Moshe (das erinnert an Mose), ähnlich dem Namenspatron in der katholischen Kirche.

Islam Moslem wird man durch Geburt. Muslime flüstern einem Neugeborenen wenige Minuten nach der Geburt die Worte des Azan in das Ohr: „Es gibt keinen Gott außer Allah und Mohammed ist sein Diener und Prophet“ (Azan = Ruf zum Gebet). Dem Kind wird dabei Honig gegeben, damit es die Worte des Azan mit angenehmen Dingen assoziiert. Wer zum Islam übertritt, muss in einem Aufnahmeritus vor dem Priester das Glaubensbekenntnis sprechen.

Buddhismus Niemand kann als Buddhist geboren werden. Die Buddhisten sind der Ansicht, dass man erst dann Buddhist werden kann, wenn der Mensch alt genug ist, um zu wissen, was es bedeutet, ein Buddhist zu sein.

Hinduismus Wenn in einer hinduistischen Familie ein Kind geboren wird, wird es mit einem Gebet begrüßt, das ihm ein Priester oder ein Familienmitglied ins Ohr flüstert. Das ganze Haus ist dabei mit Blumen geschmückt, um die Freude über die Geburt auszudrücken.

Bilder von Kirche – mein Kirchenbild

Welches Bild von Kirche habe ich?
Die aufbauende Kirche
Die Kirche der Armen und Kranken
Die schlafende Kirche
Die Kirche unterwegs zu den Menschen
Die hierarchische Kirche
....

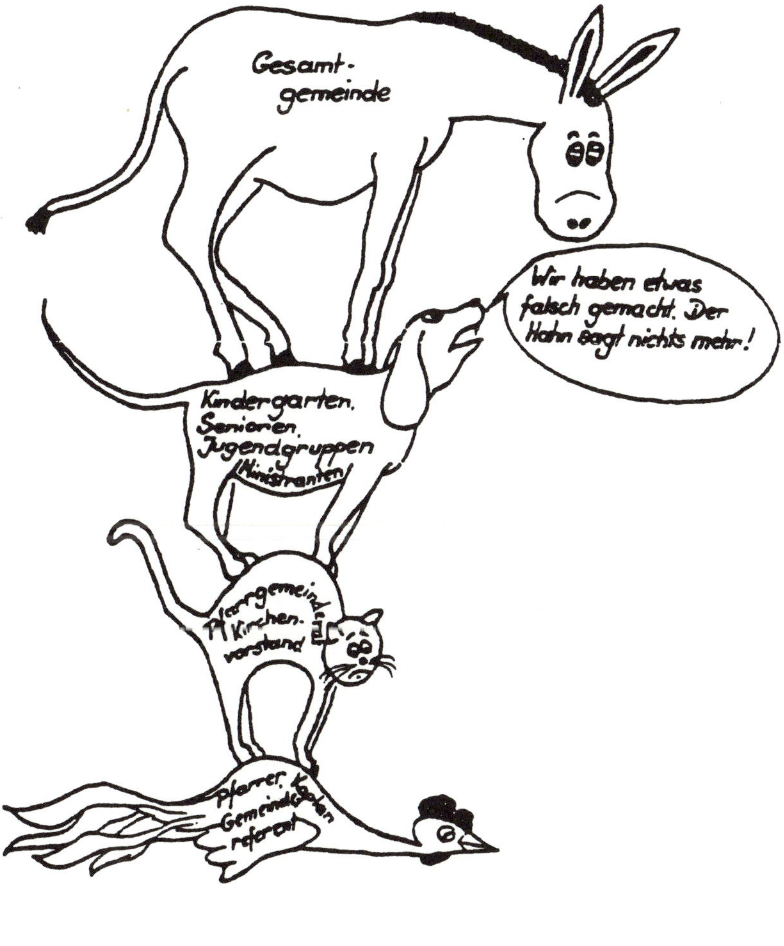
Gesamt-
gemeinde
Wir haben etwas falsch gemacht. Der Hahn sagt nichts mehr!
Kindergarten,
Senioren,
Jugendgruppen
(Ministranten)
Pfarrgemeinde
Kirchen-
vorstand
Pfarrer,
Gemeinde
referent

Wer ist die Kirche?

Das Wort Kirche kommt vom byzantinischen „Kyrike“ und bedeutet: „die dem Herrn (kyrios) gehören“. Die Kirche, das sind vor allem jene Menschen, die dem Herrn gehören. Im Lateinischen steht „ecclesia“ (Versammlung) für Kirche. Kirche, das sind jene, die sich um den Herrn versammeln. Wörtlich übersetzt bedeutet „ecclesia“ herausgerufen. Christ sein heißt, zu einer besonderen Sendung (Nachfolge) berufen zu sein.

Das Zweite Vatikanische Konzil spricht vom pilgernden Gottesvolk. Wir sind unterwegs wie Pilger, bis unser Herz ruht in Gott. Der heilige Franziskus auf der Suche nach dem Willen Gottes verspürt den göttlichen Auftrag: „Franziskus, bau meine Kirche wieder auf!“ Für Franziskus ist die Kirche eine heilige Baustelle, die er durch sein Leben wieder aufbaut.

Amt und Charisma

Die so genannte „Amtskirche“ wird im Westen oft schwer kritisiert.

In einem Schachclub sind die den Verein wirklich tragenden Personen jene, die gut Schach spielen. Der Vorstand (Hierarchie) ist wichtig, insofern er die Gemeinschaft der Spielenden unterstützt. Das müssen aber nicht unbedingt jene sein, die am besten Schach spielen können. Diesen Vergleich kann man auch auf die Kirche anwenden. Die Kirche bauen jene am meisten auf, die sie am meisten lieben, die das Charisma der Liebe, der Barmherzigkeit, des Glaubens, der Freude … leben, das sind oft nicht unbedingt jene, die ein Amt innehaben.

Mein Bild von Kirche?

die aufbauende Kirche

Kirche der Armen und Kranken

die schlafende Kirche

Kirche unterwegs zu den Menschen

die hierarchische Kirche

Welches (Mit-)Glied der Kirche bin ich?

	stimme nicht zu	weiß nicht	stimme zu
ein zahlendes Mitglied			
ein kritisierendes Mitglied			
ein fern stehendes Mitglied			
ein aufbauendes Mitglied			
ein suchendes Mitglied			
ein gleichgültiges Mitglied			
ein enttäuschtes Mitglied			
ein schlafendes Mitglied			
ein moralisierendes Mitglied			
ein träumendes Mitglied			
ein lebendiges Mitglied			
ein versöhnendes Mitglied			
ein engagiertes Mitglied			
ein betendes Mitglied			
ein strahlendes Mitglied			
ein gläubiges Mitglied			
ein Verantwortung tragendes Mitglied			
ein ausgetretenes Mitglied (verlorenes Schaf?)			
ein			

Checkliste zur Vorbereitung

O Anmeldung im Pfarrbüro
O Dokumente besorgen
O Pate (Patin) auswählen
O Taufscheinergänzung des Paten, falls der Pate nicht in der Taufpfarre wohnt
O Taufpriester (Pfarrer, Diakon, Pastoralassistent) kontaktieren
O Taufgespräch vereinbaren
O Taufheft gestalten
O Weihwasserflasche besorgen
O Text in der Bibel aussuchen
O Fürbitten auswählen/gestalten
O Lieder auswählen
O Taufkerze besorgen und gestalten
O Taufkleid besorgen
O Verwandte bitten, Elemente der Liturgie zu übernehmen:
- Paten: Patengebet/Patenurkunde gestalten
- Großeltern: Gebet der Großeltern schreiben
- Kinder: Spiel auf ihren Instrumenten/Tanz

O Kreative Einladungen entwerfen
- Wer wird eingeladen?

O Taufmahl organisieren
O Fotograf organisieren
O Blumenschmuck (um das Taufbecken, zum Mahl)

Einladungen

Ein schöner Brauch ist es, eine schriftliche Einladung zu versenden. Die Einladung zur Taufe kann ansprechend und kreativ gestaltet werden. Manche verbinden die Einladung mit der Geburtsanzeige.

Gestaltung

- Datum, Uhrzeit, Kirche, Ort der Taufe, Pate (Patin), Taufspender sollen auf der Einladung aufscheinen.
- Ein Foto des Kindes auf der Einladung wirkt meist sehr anregend und erfrischend.
- Ein Wort der Bibelstelle, die zur Taufe verwendet wird, oder ein Taufspruch kann die Einladung mit Sinn füllen.
- Die Einladungen können als Etiketten auf Mineralwasserflaschen oder auf Gläser geklebt werden, die beim Einladen zur Taufe persönlich übergeben werden.
- Die Einladung in Form eines Wassertropfens aus Karton gestalten.
- Ein Taufsymbol mit Klebestift auf die Einladung auftragen und mit buntem Sand bestreuen.

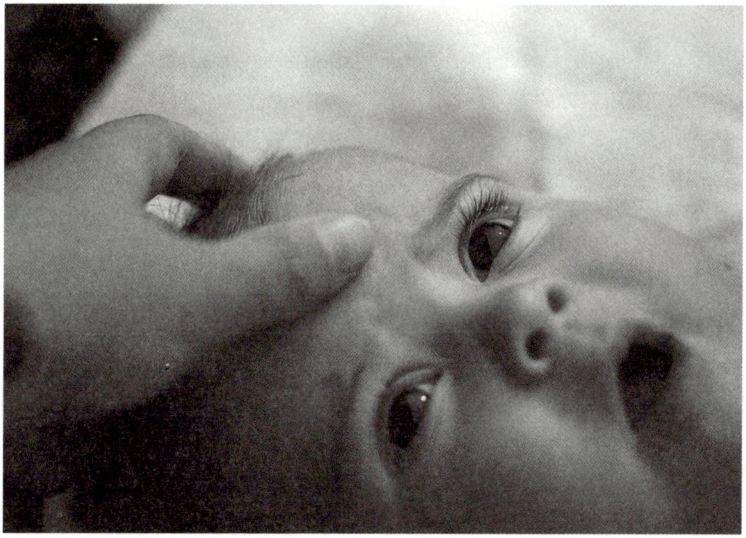

Keiner und Einer

Keiner soll
dich betrügen
und niemand soll
dich belügen

Jeden Tag
soll einer
sein Lachen
dir schenken
und gut
an dich denken

Wer dich mag
darf dich necken
aber keiner
keiner
darf dich
erschrecken

(Anne Steinwart)

2. Die Taufliturgie

Die Tauffeier besteht aus fünf Teilen: der Eröffnung, dem Wortgottesdienst, der Spendung der Taufe, den entfaltenden Riten und dem Abschluss.

Kind stillen Das Stillen während der Tauffeier sollte kein Problem sein. Viele Säuglinge schlafen nach dem Stillen, was für die Feier kein Nachteil ist.

Wer trägt das Kind? Dafür gibt es keine Regel. Normalerweise wird das Kind bei der Taufe von den Paten und den Eltern getragen.

Mitfeiernde Alle Mitfeiernden, besonders Kinder, sollten so intensiv wie möglich in die Liturgie einbezogen werden, z. B. können die Kinder ein Lied auf ihren Instrumenten spielen.

Taufheft Viele Eltern oder Paten sind bereit, für die Taufgemeinde ein Taufheft zu gestalten. Am Umschlag kann ein Foto vom Taufkind sein. Im Taufheft ist der gesamte Ablauf der Taufe zu finden, mit dem Taufspruch, dem Schrifttext, den Gebeten und Liedern, dem Taufritus in verkürzter Form, mit Karikaturen, Bildern, einer kurzen Information über den Namenspatron (mit Bild), dem Namenstag usw. Das Taufheft animiert die Gemeinde zur aktiven Mitfeier. Es kann von den Anwesenden als Andenken an die Taufe mitgenommen werden. Ein Exemplar des Taufheftes sollte für den Täufling aufbewahrt werden.

Eröffnung der Feier

Empfang am Portal

Der Taufspender empfängt mit den Ministranten die Taufgemeinde am Portal. Dies ist ein Ausdruck der Gastfreundschaft und der Freude. Besondere Gäste werden an der Tür erwartet, ihnen wird die Tür geöffnet.

Kreuzzeichen

Auf das Kreuzzeichen ganz bewusst hinweisen, es drückt das Bekenntnis zum dreifaltigen Gott aus: *Im Namen des Vaters, des Sohnes und des Heiligen Geistes. Amen.*

Begrüßung

Der Taufspender begrüßt die Taufgemeinde:
Lieber Täufling, liebe Eltern und liebe Paten, liebe Verwandte. Mit großer Freude stehe ich hier und öffne euch die Tür. Gott ist in Jesus selber ein kleines Kind, Mensch geworden. Er möchte von Anfang an diesem Kind N. den Segen und die Fülle des Lebens zuteil werden lassen.

Auch die Eltern können mit ein paar persönlichen Worten die Taufgemeinde begrüßen.
Liebe Anwesende, wir freuen uns, dass ihr zur Taufe unseres N. gekommen seid, um dieses Sakrament mit uns zu feiern. Besonders möchten wir den Taufpaten danken, die unserem Kind N. und uns Eltern im Leben und im Glauben beistehen möchten.
Falls ein älteres Kind getauft wird, kann dieses auch selbst ein Grußwort sagen.

Dialog

Bevor wir in das Haus Gottes einziehen, möchte ich euch als Vertreter der Gemeinde noch offiziell fragen:
Taufspender: *Was erbittet ihr von der Gemeinschaft der Kirche?*
Persönliche Antwort: *Wir möchten, dass unser Kind die Taufe empfängt.* (Die Eltern erzählen kurz, warum sie das Kind taufen lassen wollen.)
Taufspender: *Welchen Namen habt ihr eurem Kind gegeben?*
Antwort: *Unser Kind trägt den Namen …* (Die Eltern erzählen kurz, wie sie auf diesen Namen gekommen sind.)
Frage an ältere Täuflinge: *Willst du, dass ich dich heute taufe?*

Bereitschaftserklärung

Liebe Eltern!
Sie haben für Ihr Kind die Taufe erbeten. Damit erklären Sie sich bereit, es im Glauben zu erziehen. Es soll den liebenden Gott erfahren und den Nächsten lieben lernen, wie Christus es uns vorgelebt hat. Sind Sie sich dieser Aufgabe bewusst?
Persönliche Antwort der Eltern: *Ja.*

Liebe Paten!
Die Eltern dieses Kindes haben Sie gebeten, das Patenamt zu übernehmen. Auf diese Weise sollen Sie mithelfen, dass aus diesem Kind ein lebendiger Christ wird. Sind Sie dazu bereit?
Persönliche Antwort der Paten: *Ja.*

Liebe Taufgemeinde!
Unsere Pfarrgemeinde ist bereit, die Eltern und Paten bei der christlichen Lebens- und Glaubensgestaltung zu unterstützen. Durch verschiedene Angebote wie Kindergarten, Kinderliturgie usw. wollen wir eine familien- und kinderfreundliche Gemeinde sein. Als Ansprechpartner und Vertreter der Gemeinde möchte auch ich ein Ja zu Ihrem Kind sagen.

Einzug

- Die Ministranten (mit Kerzenleuchtern oder Laternen) und der Taufspender gehen zur Taufkapelle oder zum Taufort voraus, die Taufgemeinde folgt. Dabei kann ein Lied gesungen, eine CD eingelegt oder getanzt werden. Eine schöne Geste wäre es auch, wenn der Taufspender die Tür öffnet und die Prozession anführt, während die beiden Ministranten die beiden Flügel des Portals offen halten, bis alle eingezogen sind.

Wortgottesdienst

Im Wortgottesdienst treten wir ein in den Dialog mit Gott (hier wäre es angebracht, ein Lied zu singen).

Lied/Gebet

Evangelium

Der Vater oder die Mutter liest das Evangelium aus der eigenen Bibel, da sie für das Kind die Erstverkünder des Evangeliums sind. Er (sie) steht dazu auf und wendet sich zur Gemeinde. Die folgende Eröffnungs- und Schlussformel kann auch vom Taufspender gesprochen werden.

Einleitung:	*„Aus dem Evangelium nach …"* oder *„Aus dem Buch/Brief des …"*
Abschlussformel:	*„Wort des lebendigen Gottes!"* oder *„Frohbotschaft unseres Herrn Jesus Christus!"*
Antwort:	*„Lob sei dir, Christus!"* oder *„Dank sei Gott dem Herrn!"*

Die Eltern oder Paten mögen für die Taufe in Absprache mit dem Taufspender eine sie ansprechende Bibelstelle auswählen. Einige geeignete Bibelstellen mit einer kurzen Einführung möchte ich hier vorstellen:

Gen 9,8–17 Die Sintflut wird als Symbol für die Taufe verstanden. Das Wasser brachte der Sünde den Untergang und in der Arche nahm heiliges Leben einen neuen Anfang. Wie in der Arche wird auch in der

Taufe das Böse überwunden. Nach der Flut erneuert Gott den Bund mit den Menschen. Der Schöpfungsauftrag (Seid fruchtbar und vermehret euch) wird bestätigt. Gott setzt seinen Bogen in die Wolken, der Regenbogen wird zum Zeichen der Verbindung zwischen Himmel und Erde, zum Zeichen göttlichen Segens.

Ex 13,21–14, 31

Zu den großen Heilsereignissen Israels zählt die Befreiung aus der Knechtschaft Ägyptens und die Besitznahme des Gelobten Landes. Die Kirchenväter sahen diese Ereignisse des Volkes Israel als Symbol für die Befreiung des Menschen aus der Gefangenschaft der Sünde und als Sinnbild für die Erlangung des ewigen Lebens durch die Taufe.

1 Kön 18, 41–46

Das Erste Buch der Könige berichtet, dass der Prophet Elija auf dem Berg Karmel nach einer Dürrezeit Gott um Regen bat. Das Wasser des Regens ist Ausdruck für die Gnade des Heiligen Geistes, die die Seele des Menschen neu belebt. Der „himmlische Regen" der Taufe soll die „Trockenheit" des sündhaften Lebens des Menschen beenden.

2 Kön 2,19–22

Die Heilung der todbringenden Quelle zu Jericho: Der Prophet Elischa kommt in diese Stadt, in der es viele Fehlgeburten gibt, weil das Wasser des Brunnens verseucht ist. Elischa heilt die Quelle mit einer Schüssel voll Salz. Jericho ist ein Bild für die Kirche, die mit ihrem gesegneten Wasser die Täuflinge zum übernatürlichen Leben erweckt.

Psalm 8

In diesem alten Gebet kommt die Würde des Menschen zum Ausdruck. Der Mensch ist von Gott mit Herrlichkeit und Ehre gekrönt. Selbst das Lallen des Säuglings wird zum Lob Gottes.

Psalm 63 Die ausdrucksstarken Bilder sprechen vom Durst nach Leben. Die ganze Sehnsucht richtet sich auf den lebendigen Gott, den die Menschen als Quelle des Lebens erfahren haben.

Jes 49,14–22 So wie eine Mutter ihr Kind nicht vergisst, noch viel weniger vergisst Gott sein Volk, denn jeder Mensch ist eingezeichnet in seiner Hand.

Joel 3,1–3 Die Verheißung der Ausgießung des Geistes erfüllt sich in Taufe und Firmung. Die Söhne und Töchter werden Propheten sein, die Alten werden Träume haben, die Jungen Visionen. Bei der Taufe werden wir zum Priester, König und Propheten gesalbt.

Mt 3,13–17 Jesus hat durch seine eigene Taufe dem Wasser und dem Taufritus die Kraft verliehen, durch Menschen das göttliche Heil zu wirken. Der Täufling ahmt nach, was Christus im Jordan uns vorgezeigt hat.

Mt 26,6–13 Jesus wird von einer Frau gesalbt. Die Salbung ist ein Liebesbeweis und ein Ausdruck der Großzügigkeit. Indem die Frau wohlriechendes, kostbares Öl verschwendet, ahmt sie die Menschenfreundlichkeit Jesu nach, die schon bei der Hochzeit von Kana zum Ausdruck kam.

Mt 28,19 Im Taufauftrag erhalten die Jünger eine weltweite Sendung. Jesus möchte alle Menschen für seine befreiende Botschaft gewinnen. Alle sind gerufen, Jesus nachzufolgen und sich im Namen des Vaters, des Sohnes und des Heiligen Geistes taufen zu lassen.

Mk 10,13–16 Jesus schließt die Kinder in seine Arme und segnet sie. Die Offenheit und das Angewiesensein der Kinder stellt uns Jesus als Vorbild für das Reich Gottes hin.

Bei seiner Verkündigung in Nazareth weist Jesus auf seine Sendung hin, ebenso darauf, dass er ein Gesalbter ist, auf dem der Geist ruht. **Lk 4,16–24**

Wer ein Kind aufnimmt, nimmt Jesus auf. Wer unter euch der Kleinste ist, wer der Diener ist, der wird im Himmelreich groß sein. **Lk 9,46–48**

Wenn jemand nicht aus Wasser und Geist geboren wird, kann er nicht in das Reich Gottes kommen. Dieses Wort sagt uns, dass wir einen doppelten Ursprung haben: einen menschlichen und einen göttlichen. Der Taufritus sagt uns, dass wir nicht nur durch unsere Eltern geboren sind, sondern auch aus Gott. Hier ist unser wahrer Ursprung. **Joh 3,4–7**

Jesus bietet der samaritischen Frau am Jakobsbrunnen das lebendige Wasser an. Keiner ihrer sechs Männer konnte ihren Durst nach Liebe stillen, damit ist jeder Mann überfordert. Nur Gott kann letztlich unseren Durst nach Liebe wirklich stillen. Die Frau lässt den Wasserkrug stehen und erzählt im Dorf von ihrer Begegnung mit Jesus und stellt sich so in den Dienst der Verkündigung. **Joh 4,7–26**

„Wer Durst hat, komme zu mir, und es trinke, wer an mich glaubt. Aus seinem Inneren werden Ströme von lebendigem Wasser fließen." Wir werden in der Taufe selber zur Quelle für andere. Christus löscht unseren Durst nach Liebe. **Joh 7,37–39**

Aus seinem durchbohrten Herzen strömten Blut und Wasser. Das Wasser des Taufbeckens ist letztlich das erlösende und Leben spendende Wasser aus der Seite Jesu. **Joh 19,34**

Röm 6,3–5 Bei der Taufe werden wir mit Christus begraben. Er steigt mit uns hinab in unser Chaos, wir treffen unseren Schatten, um alles zu heilen und zu verwandeln, um mit Christus als neue Menschen aufzuerstehen. Das Taufbecken wird dabei zum Durchgang ins neue Leben.

1 Kor 10,1f Paulus bezeichnet den Durchzug durchs Rote Meer als Taufe. Damit ist der Auszug aus der Unfreiheit aller uns oft überfordernden Erwartungen, sowohl derer, die an uns gestellt werden, als auch jener, die wir an uns selber stellen, in ein Land der Freiheit gemeint.

2 Kor 5,17 Der auf den dreifaltigen Gott Getaufte ist eine neue Schöpfung: „Das Alte ist vergangen, Neues ist geworden."

Predigtimpulse

Die Frage eines Getauften

Liebe Eltern, liebe Paten, liebe Kinder, liebe getaufte Christen!
Ausgehend vom Evangelium nach Lukas möchte ich nun einen geistlichen Impuls geben.
Johannes ruft die Menschen, die zu ihm zur Taufe kommen, auf: „Bringt Früchte hervor, die eure Umkehr zeigen" (Lk 3,8). Von seinem Ruf angesprochen fragen sie: „Was sollen wir tun?" Johannes antwortet konkret. Den Reichen sagt er: „Wer zwei Gewänder hat, der gebe eines davon dem, der keines hat." Den Zöllnern sagt er: „Verlangt nicht mehr, als festgesetzt ist." Und den Soldaten antwortet er: „Misshandelt niemand, begnügt euch mit eurem Lohn."
Diese Frage „Was sollen wir als Getaufte tun?" ist auch für einen Christen wichtig. Der Heilige Geist möchte uns helfen, eine

Antwort konkret für unser Denken und Handeln im Leben zu finden. Johannes gibt nicht allen die gleiche Antwort, sondern je nach Beruf und Charisma werden die Menschen eingeladen, das Evangelium zu leben.

Mögliche Antworten:

- Als Getaufte sind wir eingeladen, das Leben, das uns in der Taufe geschenkt wurde, zu entfalten. Das heißt für mich, dass ich nicht wie eine Schlaftablette wandle, sondern meine Fähigkeiten in den Dienst der anderen stelle und reiche Frucht bringe.
- Als getaufte Christen sollten wir aber nie vergessen, dass es nicht so sehr entscheidend ist, was ich tue, sondern was Christus durch mich tut, ist von Bedeutung.
- Als Getaufte sind wir aufgenommen worden in die Gemeinschaft der Kirche. Das bedeutet, dass wir nicht nur für uns selber leben, sondern bereit sind, über den Tellerrand der Familie und der Freunde hinauszublicken auf jene Menschen, die unser Engagement brauchen.
- Ein Getaufter kann vertrauen, dass ihm der Geist Gottes, der ihm in der Taufe bereits geschenkt wird, im Leben beisteht. So wie ein Kind einmal treffend sagte: „Gottvater hat die Welt erschaffen, Jesus hat uns erlöst und der Heilige Geist steht herum." – Ja, der Heilige Geist steht wirklich um uns herum. Er steht hinter mir, wie ein guter Freund, er steht mir bei in den schwierigen Phasen meines Lebens, er steht zu mir, wenn andere sich von mir distanzieren.

Dialogpredigt

Liebe Eltern, Paten, Kinder, liebe Taufgemeinde!
Ich möchte nun in der Predigt euch um eure Erfahrungen bitten. Am Beginn der Taufe haben die Eltern und Paten versprochen, dass sie bereit sind, das Kind im Glauben zu erziehen.

- *Was heißt das konkret, die Kinder im Glauben zu erziehen?*
- *Warum lassen wir uns taufen?*
- *Was ist unsere Berufung als Christen?*

(Der Prediger stellt diese Fragen an die Taufgemeinde, er fragt konkret die Eltern, Paten oder Großeltern um ihre Erfahrung. Je nach den Antworten ergänzt er noch persönliche Gedanken.)

Taufe – Installation der Gnade

Zu einem modernen Haus in Europa gehört selbstverständlich eine gut funktionierende Wasserinstallation. Das Wasser spielt im Haushalt eine wichtige Rolle (Küche, Bad, WC, Reinigung usw.). Frage an die Kinder: „Wozu brauchen wir das Wasser?" (Die Kinder dürfen zur Antwort zum Taufspender herauskommen oder von ihren Sitzen aus antworten.)

Die Taufe ist wie eine Installation: Der Täufling wird an den Gnadenstrom Gottes angeschlossen. Die Anschlussgebühren sind bei Gott gratis. So wie uns die Rohrleitung mit der Quelle verbindet, so verbindet uns die Taufe mit dem Gnadenstrom Gottes und der Gemeinschaft der Kirche. Was brauchen wir alles, damit dieser göttliche Gnadenstrom in unserem Leben fließen kann?

Einige Impulse:

- *Becken:* Das offene Becken des Lebens kann nicht groß genug sein, wenn es darum geht, positive Erfahrungen (Gotteserfahrungen) zu sammeln.
- *Abfluss:* Auch im Leben brauchen wir ein Ventil, wo wir negative Einflüsse loswerden können. Die Vergebung ist ein wichtiges Ritual, um von negativen Erfahrungen frei zu werden.
- *Armaturen:* Das richtige Maß (Arbeit, Freizeit, Schlaf, Gebet) zu finden, bleibt eine lebenslange Aufgabe.
- *Boiler:* Das sind für mich Segensworte, die unser Herz erwärmen, Worte und Zeichen der Anerkennung, die wir alle brauchen.

Kinderpredigt: Das Spiel

Im Spiel können Kinder und Erwachsene sich kreativ entfalten. Dabei kann der Mensch sich selbst entdecken. Wertvolle soziale Erfahrungen werden im Spiel gemacht. Der Mensch lernt, verlieren zu können, dem anderen einen Sieg zu gönnen, sich selber zu freuen beim Gewinnen. Auch die Liturgie ist ein heiliges Spiel. Wir spielen uns durch Zeichen und Riten hinein in den Raum Gottes. Das Spiel kann gemeinschaftsstiftend sein. Im Spiel mit anderen erlebt das Kind konkret Gemeinschaft (Kirche) im Kleinen.

Gestaltung

Dem Täufling oder den Eltern wird während der Predigt Kinderspielzeug als Geschenk überreicht. Im Predigtgespräch, das sich speziell an die Kinder richtet, stellt der Taufspender folgende Fragen:

- *„Was braucht ihr alles zum Spielen?"*
  (Spielzeug, Mitspieler, Räumlichkeiten …)
- *„Was kann ich mit diesem Spielzeug machen?"*
  (z. B. Gießkanne, Wasserkübel)

Der Taufspender ergänzt die Antworten der Kinder mit persönlichen Gedanken.

Bezeichnung mit dem Kreuz

Der Priester und alle Anwesenden zeichnen mit dem Daumen ein Kreuz auf die Stirn des Täuflings. Die Bezeichnung mit dem Kreuz ist ein uralter christlicher Brauch. Jesus hat durch sein Leiden und Sterben am Kreuz ein grausames Folterinstrument umgewandelt in ein Zeichen des Lebens, des Segens und des Heiles. Das Kreuzzeichen erinnert uns auch an die Liebe Christi, der für uns sein Leben hingegeben hat. Mit dem Kreuzzeichen wird der Wunsch ausgedrückt, dass es dem Kind gelingen möge, die negativen Lebenseinflüsse in Liebe zu verwandeln.

Gestaltung

- Ein Tau kann auf die Stirn gezeichnet werden. Als Symbol des Lebens erinnert es an das Buch Ezechiel und an den hl. Franziskus, der dieses Kreuz als sein persönliches Zeichen benützte. Dem Kind kann auch ein Ketterl mit einem Tau um den Hals gehängt werden. Ein größeres Tau eignet sich als Kreuz für das Kinderzimmer.
- Da viele Kirchen den Grundriss eines Kreuzes haben, kann sich der Pate (die Patin) zu diesem Ritus mit dem Kind an den Punkt stellen, an dem sich die Achsen des Haupt- und des Querschiffs kreuzen. Die horizontale Ebene verbindet

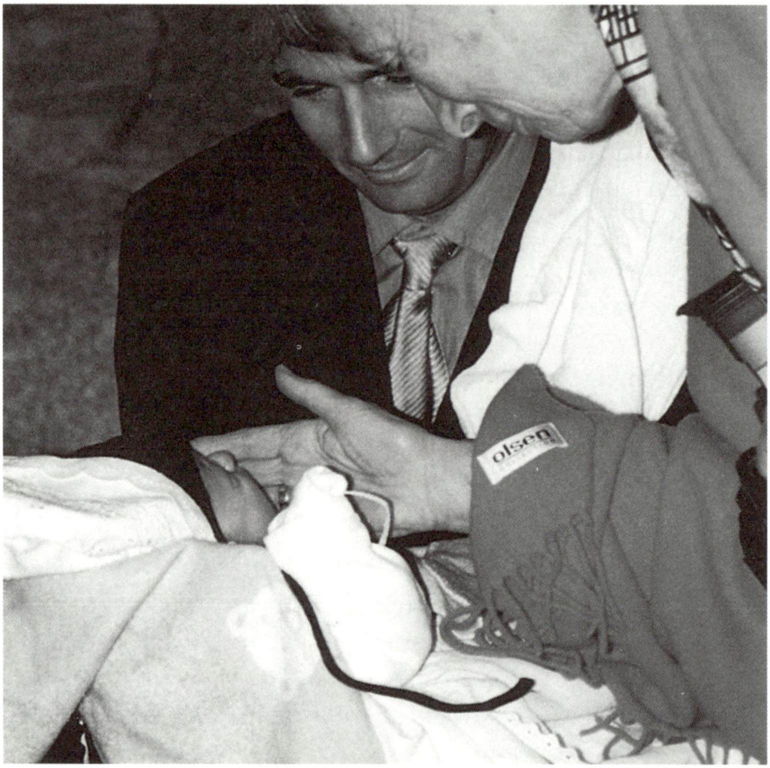

uns mit den Menschen, die vertikale mit Gott, das heißt auch, ausgespannt sein zwischen Himmel und Erde.

- Es wäre sinnvoll, dass alle, während sie dem Kind das Kreuz auf die Stirn zeichnen, das Bekenntnis zum dreifaltigen Gott sprechen: Im Namen des Vaters, des Sohnes und des Heiligen Geistes. Amen.

Anrufung der Heiligen (Litanei)

Zur Kirche, in die der Täufling aufgenommen wird, gehören auch die Heiligen. Sie sind Fürsprecher bei Gott für den Täufling. Ebenso sind sie Vorbilder des Glaubens und Lebens. Die Heiligen zeigen uns auf originelle Weise, wozu wir Christen berufen sind. Wenn wir den Heiligen Geist, den wir bei der Taufe erhalten, in uns zur Wirkung kommen lassen, macht er trotz unserer Schwächen und Fehler großartige Menschen aus uns, durch die die Sonne scheint. Durch das Neugeborenwerden aus Gott erhalten wir viele Geschwister.
Der Namenspatron verleiht unserem Namen einen schönen Hintergrund. Im Vordergrund steht nicht nur ein wohlklingender Schall aus Selbstlauten und Mitlauten, sondern zusammen mit dem Hintergrund bildet unser Name ein positives Bild.
Wichtige Heilige werden um Schutz und Segen für den Täufling und für die Gemeinde angerufen. Auf jeden Fall soll der Namenspatron des Täuflings angerufen werden.

Gestaltung

- Vor der Anrufung der Heiligen ist ein guter Zeitpunkt, etwas über Leben und Spiritualität des Namenspatrons bzw. der Namenspatronin zu erzählen.
- Es gibt viele Bücher und Karten über Heilige. Der Text und ein Bild des Namenspatrons kann den Eltern für das Kind überreicht werden.

- Alle sagen der Reihe nach den Namen des eigenen Namenspatrons (z. B. hl. Paulus) und alle antworten sogleich: *„Bitte für uns!"*
- Die Namenspatrone der Anwesenden und andere bedeutende Heilige werden von einer Person vorgebetet. Und alle antworten: *„Bitte für uns!"*
- Wem noch ein wichtiger Heiliger einfällt, der kann diesen auch noch nennen.
- Jeder zieht eine Karte mit einem Heiligen (aus dem Kreis der Mitfeiernden). Auf jeder Karte steht ein Spruch des Heiligen und ein Gebetsanliegen. Die Namen und Sprüche der Heiligen werden vorgetragen. Anschließend antworten alle: *„Bitte für uns!"*

Bekannte Heilige

- Hl. Johannes Don Bosco – 31. Jänner; Patron der Jugend. „Gutes tun, fröhlich sein und die Spatzen pfeifen lassen!" Gebetsanliegen: Bete für die Jugendlichen.
- Hl. Klara von Assisi – 11. August; Patronin des Fernsehens. „Herr, sei gepriesen, weil du mich erschaffen hast." Gebetsanliegen: Bete für eine tiefe Liebe zum Geheimnis der Eucharistie.
- Hl. Maria Magdalena – 22. Juli; Patronin der Prostituierten. „Da nahm Maria ein Pfund echtes kostbares Nardenöl, salbte Jesus die Füße und trocknete sie mit ihrem Haar." (Joh 12,3) Gebetsanliegen: Bete für alle Menschen, die besonders nach Liebe hungern.
- Hl. Theresia von Avila – 15. Oktober; Patronin in geistlichen Nöten.
  „Manchmal lache ich beim Anblick meiner Erbärmlichkeit über mich selbst."
  Gebetsanliegen: Bete für Humor.

- Hl. Franz von Sales – 24. Jänner; Patron der katholischen Presse.
  „Wünschen Sie nicht zu sein, was Sie nicht sind, sondern wünschen Sie, was Sie sind: sehr gut zu sein."
  Gebetsanliegen: Bete für alle Traurigen.
- Hl. Philipp Neri – 26. Mai; Patron der Humoristen, gegen Unfruchtbarkeit.
  „Schenke mir ein fröhliches Herz, damit sich in meinem Angesicht die Fröhlichkeit Gottes widerspiegelt."
  Gebetsanliegen: Bete für Humor in Kirche und Politik.
- Hl. Samuel – 20. August; Prophet des Herrn.
  „Rede, denn dein Diener hört." (1 Sam 3,10)
  Gebetsanliegen: Bete, dass der Heilige Geist tiefer wirken kann.
- Hl. Bernadette Soubirous – 16. April; Freundin der Kranken.
  „Nimm jeden meiner Träume, jeden Schrei meiner Schmerzen, als demütige Bitte für alle, die weinen, und für alle, die dich vergessen haben."
  Gebetsanliegen: Bete um körperliche und seelische Heilung.
- Hl. Gabriel – 29. September; Patron der Boten, der Briefmarkensammler.
  „Denn für Gott ist nichts unmöglich." (Lk 1,37)
  Gebetsanliegen: Bete für Kinder und Jugendliche, die vor einer Lebensentscheidung stehen.
- Hl. Elisabeth von Thüringen – 19. November; Patronin der Caritas.
  „Ich habe immer gesagt, dass wir die Menschen fröhlich machen müssen."
  Gebetsanliegen: Bete um die Gabe des Frohsinns und um Humor.

- Hl. Franziskus – 4. Oktober; Patron der Tiere.
  „Die Liebe wird nicht geliebt."
  Gebetsanliegen: Bete um einen würdigen Umgang mit den Tieren.
- Charles de Foucauld – 1. Dezember; Freund der Armen.
  „Herr, wenn es dich gibt, dann lass mich dich erkennen."
  Gebetsanliegen: Bete für die Gefangenen und Suchenden.
- Hl. Mutter Teresa – 5. September; Mutter der Sterbenden.
  „Ich kümmere mich nie um Menschenmassen, sondern immer nur um eine Person."
  Gebetsanliegen: Bete für die Sterbenden.
- Hl. Johannes der Täufer – 24. Juni; Patron der Musiker, Tänzer und Gastwirte.
  „Er muss wachsen, ich aber muss kleiner werden."
  Gebetsanliegen: Bete für alle Täuflinge der Pfarre.
- Hl. Elisabeth von Dijon – 9. November; Freundin der Musik.
  „Die Liebe ist etwas Unendliches, und bei etwas Unendlichem kann man immer noch weiter gehen."
  Gebetsanliegen: Bete um gesunde Familien.
- Hl. Theresia vom Kinde Jesu – 1. Oktober; Patronin der Weltmission.
  „Allein die Liebe zählt."
  Gebetsanliegen: Bete um Berufungen.
- Hl. Katharina von Siena – 29. April; Patronin der Sterbenden.
  „Kümmere dich um mich und ich kümmere mich um dich."
  Gebetsanliegen: Bete für die Verantwortlichen in der Kirche.
- Jonas – 21. September; Prophet der Umkehr.
  „Vom Herrn kommt die Rettung."
  Gebetsanliegen: Bete um Mut für alle Christen, das Wort Gottes zu leben.

- Hl. Lukas – 18. Oktober; Patron der Ärzte und Künstler.
  „Bei euch aber sind sogar die Haare auf dem Kopf gezählt. Fürchtet euch nicht.“ (Lk 12,7)
  Gebetsanliegen: Bete für alle Menschen, denen die Grundbedürfnisse zum Leben fehlen.

Fürbitten

Die Fürbitten sollen von der Taufgemeinde selber gestaltet werden. Dabei soll eine Bitte für den Täufling, eine für die Eltern und Paten und eine für die Gemeinde, in die der Täufling aufgenommen wird, dabei sein. Diese Bitten können kreativ gestaltet und mit gesprochenen oder gesungenen Fürbittrufen zu Gott getragen werden.

Modell A

Vorbeterin:
• Elias, der Herr schenke dir eine Gesetzestreue, eine Standhaftigkeit und ein Auftreten ähnlich dem des Propheten Elias.
• Aaron, der Herr schenke dir die Gabe zu reden wie der Levit Aaron, und dass du deinem Bruder eine Hilfe bist, wie Aaron dem Mose eine Hilfe war.
• Herr, schenke der Familie N. Gesundheit, Kraft, Freude und Glück und einen Engel als Begleiter.
• Herr, hilf den Eltern, Paten, Großeltern und Freunden, ihren Kindern Zeugen gelebten Glaubens zu sein.
• Herr, steh den Kindern bei, die keine guten Freunde haben, die kein Zuhause erleben.
Antwort (jeweils): *„Herr, erhöre uns!“* oder *„Wir bitten dich, erhöre uns!“*

Modell B

Vorbeter:

- Herr, schenke uns und den Kindern deinen Segen, damit wir Freude ausstrahlen.
- Lass unsere Kinder immer wieder Wärme, Licht, Geborgenheit und Vergebung erfahren.
- Hilf uns, in der Welt glaubwürdige Zeugen deiner Frohbotschaft zu sein.
- Schenke uns Möglichkeiten, das Elend unzähliger Kinder zu lindern und zu verhindern.
- Segne unsere Pfarrgemeinde, damit die Kinder hier einen lebendigen Glauben erfahren können.
- Schenke unserer Tochter/unserem Sohn …

Antwort (jeweils): *„Herr, wir vertrauen dir!"*

Modell C

- Vater: Guter Gott, hilf mir, für meine Tochter ein gütiger Vater zu sein.
- Mutter: Lieber Gott, schenke mir genug Liebe für meinen Sohn.
- Patin: Lebendiger Gott, gib N. in der Taufe die Fülle des Lebens.
- Großmutter: Starker Gott, gib den Kindern und Jugendlichen christliche Werte fürs Leben.
- Bruder: Großer Gott, lass meine Schwester tolle Eltern, eine lebendige Kirche und eine bereichernde Schule erleben.
- Onkel: Gegenwärtiger Gott, schenke uns genug Menschen, Orte, Ereignisse, wo du lebendig erfahren werden kannst.

Antwort (jeweils): *„Gottes guter Segen sei mit uns!"*

Gestaltung

- Fürbitten mit Papierblüten

Die Papierblüten werden aus buntem Papier ausgeschnitten oder von Kindern bunt angemalt. Auf jede Blüte wird eine Fürbitte geschrieben. Anschließend wird jedes Blütenblatt, der Reihe nach, nach innen gefaltet. Nach dem Vortragen der Bitte wird die Blüte mit den Blättern nach oben in eine Schale mit Wasser gelegt. Nach wenigen Sekunden beginnt die Blüte sich langsam zu öffnen.

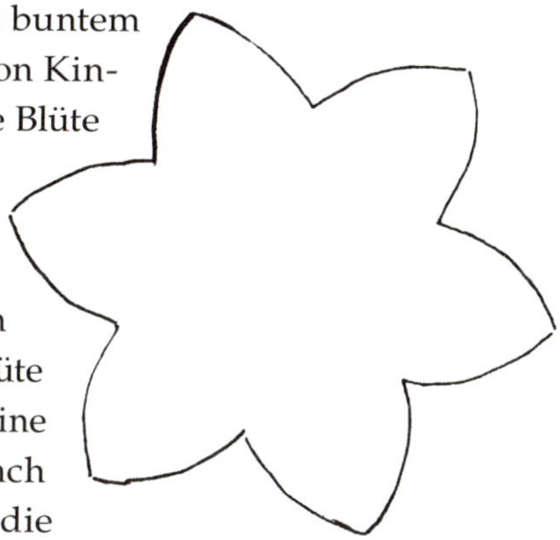

- Fürbitten mit Symbolen

Zu jeder Fürbitte wird ein passendes Symbol gesucht, das sich als Geschenk eignet. Nach dem Sprechen der Fürbitte wird dieses Symbol auf den Altar gelegt und später anderen Kindern außerhalb der Taufgemeinde geschenkt. Damit kommt zum Ausdruck, dass wir nicht nur an uns denken, sondern als Christen sichtbar für andere einstehen.

- Fürbitten mit einem Baum

Von den Eltern, Großeltern oder Paten wird ein Baum bzw. Strauch ausgesucht, der nach der Taufe im Garten oder an einem besonderen Platz gepflanzt wird. Auf diesen Lebensbaum können bei der Taufe die Fürbitten in Form von Blättern, Blüten oder Früchten aus Papier oder einem anderen Material gehängt werden.

• Fürbitten mit Sonnenstrahlen

Auf den Boden oder den Altar wird eine Kerze (Taufkerze) gestellt. Die Fürbitten werden auf lange gelbe Kartonstreifen geschrieben. Nach dem Vortragen der Bitte wird diese als Sonnenstrahl rund um die Kerze gelegt, so dass mit der Zeit eine Sonne entsteht.

Handauflegung

Die Handauflegung erinnert uns an Jesus, der in der Berührung die Nähe und das Heil Gottes zum Ausdruck brachte. Die Handauflegung erfolgt anstelle der Salbung mit Katechumenenöl.

Gebet des Taufspenders zur Handauflegung

Herr, allmächtiger Gott, du hast deinen eingeborenen Sohn gesandt und durch ihn den Menschen, die in der Sünde gefangen waren, die Freiheit der Kinder Gottes geschenkt. Wir bitten dich für dieses Kind: Entreiße es durch die Kraft des Leidens und der Auferstehung deines Sohnes der Macht der Finsternis. Stärke es mit deiner Gnade und behüte es mit deiner schützenden Hand allezeit auf dem Weg des Lebens durch Christus, unseren Herrn. Amen.

Drei Modelle

- Der Taufspender legt so wie Jesus dem Täufling die Hand auf und spricht still oder laut ein Gebet:
  „Guter, liebevoller, zärtlicher, Leben spendender Gott, du möchtest auch N. die Freiheit der Kinder Gottes schenken. Sorge gut für dein neues Geschöpf und entreiße es der Macht der Finsternis, wo auch immer es bedroht sein wird. Lass es deine zärtliche Nähe spüren und zu einem guten Christen heranreifen. Amen."
- Die Taufgemeinde bildet um die Eltern und um den Täufling einen Schutzkreis, einen Segenskreis. Dabei legen alle den Eltern und dem Täufling eine Hand auf.
- Die Paten legen dem Kind die Hände auf. Sie wollen, dass das Kind die Nähe Gottes in seinem Leben spüren kann.

Tipp: Falls das Evangelium „Jesus und die Kinder" (Mk 10,13–16) gewählt wird, kann eine Kindersegnung stattfinden.

Die Spendung der Taufe

Lied/Gebet

Taufwasserweihe

Falls nicht Wasser von der Osternacht verwendet wird, findet die Taufwasserweihe direkt bei der Taufe statt. Ein schöner Ritus wäre es, wenn alle eine kleine Flasche Wasser von zu Hause für die Taufe mitbringen würden. Dieses mitgebrachte Wasser wird nach jedem Gebet in das Taufbecken gegossen. Dazu kann auch Lourdes-Wasser, Wasser vom Jordan oder Wasser aus dem eigenen Brunnen kommen. Falls mehrere Kinder getauft werden, kann jede Familie Wasser mitbringen. Ich möchte drei Modelle vorstellen:

Taufwasserweihe mit dem lebendigen „gelebten" Wasser

Das mitgebrachte Wasser wird während der Gebete ins Taufbecken gegossen:

Großeltern: *Wir bringen mit diesem Wasser unser Leben mit, das uns schon so viel von Gott erzählt hat.*

Geschwister: *Ich bringe mit diesem Wasser meine Lust zum Spielen mit, die auch meinem Bruder (meiner Schwester) zuteil werden soll.*

Eltern: *Wir bringen mit diesem Wasser unser Zuhause mit, das unser Kind erfahren soll.*

Paten: *Ich bringe mit diesem Wasser meinen Glauben mit, der dieses Kind durchs Leben tragen möge.*

Priester: *Ich bringe mit diesem Wasser mein Vertrauen mit, dass dieses Kind das Urvertrauen tief spüren kann.*

Tante/Onkel: *Ich bringe mit diesem Wasser meine Zärtlichkeit mit, die dieses Kind für die Liebe öffnen soll.*

Der Priester breitet die Hände über das zusammengetragene Wasser aus und segnet es für die Taufe: *„Lebendiger guter und menschenfreundlicher Gott, das lebendige Wasser erinnert uns an Jesus, der allein unseren mitgebrachten Durst nach Liebe löschen kann. Heilige jetzt dieses Wasser, damit in der Kraft des Heiligen Geistes allen, die getauft werden, das neue Leben der Kinder Gottes zuteil werde."*

Dazu wird die Taufkerze (wie in der Osternacht die Osterkerze) in das Wasser eingetaucht.

Taufwasserweihe nach den Gaben des Heiligen Geistes **(Jes 11,1–3)**

Der Priester betet vor oder singt die Strophen. Nach jedem Vers wird (von Kindern) etwas Wasser in das Taufbecken gegossen. Nach jedem Vers antworten alle: *Amen.*

Dazu taucht jeweils ein Kind die Taufkerze (oder seine eigene mitgebrachte Taufkerze) einmal in das Taufwasser ein.

Priester: Der Geist der Weisheit steige herab in dieses Wasser und schenke uns in der Taufe das Leben in Fülle.

Priester: Der Geist der Erkenntnis steige herab in dieses Wasser und schenke uns in der Taufe das Leben in Fülle.

Priester: Der Geist des Rates steige herab in dieses Wasser und schenke uns in der Taufe das Leben in Fülle.

Priester: Der Geist der Stärke steige herab in dieses Wasser und schenke uns in der Taufe das Leben in Fülle.

Priester: Der Geist der Erkenntnis steige herab in dieses Wasser und schenke uns in der Taufe das Leben in Fülle.

Priester: Der Geist der Gottesfurcht steige herab in dieses Wasser und schenke uns in der Taufe das Leben in Fülle.

Priester: Der Geist der Frömmigkeit steige herab in dieses Wasser und schenke uns in der Taufe das Leben in Fülle.

Taufwasserweihe nach den Früchten des Heiligen Geistes **(Gal 5,22.23)**

Der Taufspender breitet die Hände über das Wasser aus und betet vor:

Segne dieses Wasser und schenke allen, die getauft werden, als Frucht des Geistes die Liebe.

Segne dieses Wasser und schenke allen, die getauft werden, als Frucht des Geistes die Freude.

Segne dieses Wasser und schenke allen, die getauft werden, als Frucht des Geistes die Güte.

Segne dieses Wasser und schenke allen, die getauft werden, als Frucht des Geistes den Frieden.
Segne dieses Wasser und schenke allen, die getauft werden, als Frucht des Geistes die Freundlichkeit.
Segne dieses Wasser und schenke allen, die getauft werden, als Frucht des Geistes die Selbstbeherrschung.
Segne dieses Wasser und schenke allen, die getauft werden, als Frucht des Geistes die Dankbarkeit.
Segne dieses Wasser …
Antwort nach jedem Vers:
P: *Wir loben dich.*
A: *Wir preisen dich.*
Oder: *Gepriesen sei der Herr.*

Tauferneuerung

In der Taufliturgie erneuern wir unsern Glauben, indem wir uns bewusst zu Gott bekennen. Ich möchte fünf Modelle einer Tauferneuerung vorstellen:

Tauferneuerung mit Körperausdruck

Die Taufgemeinde wendet ihr Gesicht gegen Westen, der untergehenden Sonne zu und streckt die Hände nach vorne aus als Symbol der Abwehr der Finsternis. Zusätzlich – oder anstelle der Hände – kann als Zeichen des Protestes mit den Füßen auf den Boden gestampft werden.
Der Priester oder jemand von der Taufgemeinde trägt folgende 13 (magische Zahl) Texte vor und alle antworten mit: *„Ich distanziere mich!“*

Ich distanziere mich

- von der rosaroten Brille, die alles verharmlosen will und nicht bereit ist, die Realität anzunehmen.
- von der negativen Kritiksucht, die ständig ein Haar in der Suppe (der anderen) findet.
- von der Leibfeindlichkeit, die mich in meinem eigenen Körper nicht zu Hause sein lässt.
- von der Lebensfeindlichkeit, die den Schwachen das Recht zu leben abspricht.
- von der Gleichgültigkeit und Bequemlichkeit, meine Fähigkeiten nicht für mich und andere in den Dienst zu stellen.
- von der Resignation, die erwartet, dass mir alles in den Schoß fallen muss.
- von der Unzufriedenheit, bei der das Glück immer in der Ferne liegt.
- von der Unversöhnlichkeit, von der Unwilligkeit, einen Schritt auf den beleidigten und verletzten Nächsten zuzugehen.
- vom Herumstöbern in Ersatzreligionen und von meinem Misstrauen gegenüber Gott, der mich so gut kennt, dass er sogar alle meine Harre gezählt hat.
- von der Zerstörung der Schöpfung, die den Nachkommen eine Wuste zurücklässt.
- von der Erbarmungslosigkeit, die jede eigene oder fremde Schwäche ablehnt und rächt.
- von der Lieblosigkeit, die meine tragenden Beziehungen tötet.
- von der Zeitlosigkeit, die für das Wesentliche im Leben keine Zeit mehr findet.

Herr von all diesen „Los-ig-keiten" lassen wir los, von all dem Negativen distanzieren wir uns, von all dem Dunkel wenden wir uns ab.

Die Gemeinde dreht sich um und wendet sich mit offenen Händen nach Osten, dem Ort der aufgehenden Sonne, Christus, dem Licht zu. Das Glaubensbekenntnis wird vorgebetet. Nach jedem Abschnitt (dreimal) wird mit: *„Ich glaube!“* geantwortet, dazu hebt jeder die rechte Hand als sichtbares Zeichen, dass dem zugestimmt wird.

Tauferneuerung als getanzter Ausdruck des Glaubens

Es wird das Lied „Kumbai alavia“ (siehe S. 119) getanzt. Dieser Tanz drückt ebenfalls das Bekenntnis zu Gott und die Absage an das Negative aus.

Tauferneuerung mit Weihrauch

Göttern und auch Kaisern, die sich als Götter verehren ließen, wurde Weihrauch geopfert. So brachten schon die Heiligen Drei Könige Weihrauch als Geschenk für den neugeborenen Messias mit.
Die drei Abschnitte des Glaubensbekenntnisses erinnern an den dreifaltigen Gott: Ich glaube an Gott, den Vater …; ich glaube an Jesus Christus …; ich glaube an den Heiligen Geist.
In das Weihrauchfass wird brennende Kohle gelegt. Während von der Taufgemeinde das Glaubensbekenntnis gebetet wird, wird von allen gemeinsam oder von einer Person stellvertretend für alle während der drei Abschnitte des Glaubensbekenntnisses Weihrauch in das Weihrauchfass gelegt. Anschließend wird die Taufgemeinde vom Taufspender oder von einem Ministranten beräuchert.
Variation: Es wird jeweils ein Räucherstäbchen angezündet.

Tauferneuerung mit persönlichem Bekenntnis

Alle Anwesenden erhalten eine Schwimmkerze. Am Altar steht eine (oder mehrere) Glasschale, die mit Wasser gefüllt ist. Nun ist jeder eingeladen, an der Osterkerze oder an den Altarkerzen die Schwimmkerze zu entzünden und diese in die Schale zu legen. Dabei wird ein persönliches Glaubensbekenntnis abgelegt: z. B.

- *Ich glaube an Gott, der das Leben ist.*
- *Ich glaube an Gott, der mir eine Tochter geschenkt hat.*
- *Ich glaube an …*

Anschließend werden alle mit Weihwasser besprengt zum Zeichen dafür, dass Gott uns die Fülle des Lebens schenken möchte. So wie das Wasser das Licht der Schwimmkerzen trägt, so sollen wir uns als Getaufte von unserem lebendigen Gott getragen wissen.
Tipp: Schwimmkerzen können z. B. aus halben Nussschalen selbst gebastelt werden.

Tauferneuerung mit den großen biblischen Zeugen des Glaubens in der Heilsgeschichte

Vorbeterin:

- Lass mich an dich glauben, wie Vater Abraham es tat. Er war bereit, seine Vergangenheit (Vaterland, Sippe) und seine Zukunft (den einzigen Sohn Isaak) loszulassen und in die Hände Gottes zu legen. *(Gen 12ff)*
- Lass mich an dich glauben, wie Mose es tat. Er führte das Volk Israel aus der Sklaverei Ägyptens in das Gelobte Land und sang dem Herrn ein Lied: Meine Stärke und mein Lied ist der Herr, er ist für mich zum Retter geworden. *(Ex 13,17ff)*
- Lass mich an dich glauben, wie Mirjam es tat. Sie nahm die Pauke und tanzte vor den Frauen her, dabei sang sie ihnen vor: „Singt dem Herrn ein Lied, denn er ist hoch und erhaben! Rosse und Wagen warf er ins Meer." *(Ex 15,20f)*
- Lass mich an dich glauben, wie Daniel es tat. Wegen seines Glaubens wurde er in die Löwengrube geworfen, doch ein Engel Gottes rettete ihn vor den Rachen der Löwen. *(Daniel 6)*

- Lass mich an dich glauben, wie Maria es tat. Fragend stellte sie sich als Magd des Herrn dem Heilsplan Gottes zur Verfügung. Sie blieb ihrem Sohn von der Krippe bis unters Kreuz treu.
- Lass mich an dich glauben, wie Johannes der Täufer es tat. Als Stimme in der Wüste wurde er zu einem unüberhörbaren Wegbereiter für Jesus.
- Lass mich an dich glauben, wie Maria Magdalena es tat. Sie liebte Jesus bis zuletzt und wich selbst unterm Kreuz nicht von seiner Seite. Am Grab Jesu durfte sie als erste Zeugin die Auferstehung erfahren.
- Lass mich an dich glauben, wie Marta es tat. Sie bekannte vor Jesus: „Ja, Herr, ich glaube, dass du der Messias bist, der Sohn Gottes." *(Joh 11,27)*
- Lass mich an dich glauben, wie Stefanus es tat. Für seinen Glauben wurde er gesteinigt. Als Märtyrer betete er sterbend: „Herr Jesus, nimm meinen Geist auf und rechne ihnen diese Sünde nicht an." *(Apg 7,59.60)*
- Lass mich an dich glauben, wie Petrus es tat. Dreimal verleugnete er die Beziehung zu Jesus, aber auch dreimal bekannte er: „Ja, Herr, du weißt, dass ich dich liebe." Worauf Jesus zu ihm sagte: „Weide meine Lämmer!" *(Joh 21,15ff)*
- Lass mich an dich glauben, wie Paulus es tat. Als begeisterter Apostel ging er vor allem zu den Heiden und gründete neue christliche Gemeinden. Wegen seines Glaubens wurde er oft verhaftet, gefoltert und letztlich hingerichtet *(vgl. Apg 13ff)*.

Glaubensbekenntnis

Das Glaubensbekenntnis ist hier weniger ein Gebet, sondern mehr ein Bekenntnis zu Gott, der sich als Vater, Sohn und Heiliger Geist geoffenbart hat. Es ist im Gotteslob auf Seite

20 zu finden. Manchmal werden frei formulierte (moderne) Glaubensbekenntnisse verwendet. Dabei ist zu beachten, dass sich „Ich glaube an …“ nur auf eine der drei göttlichen Personen beziehen darf.

Persönliches Glaubensbekenntnis

Ich glaube an Gott,
der mehr als ein Vater und eine Mutter ist.
Er ist der Schöpfer von allem, was ist und sein wird,
und auch mein Schöpfer.
Er ist allmächtig, allgütig, all-liebend, allherzlich …
Ich glaube an Jesus Christus,
der durch Maria Mensch wurde,
der als unser Bruder freiwillig
sein Leben für alle am Kreuz hingab,
der durch seine Auferstehung den Tod besiegt hat,
und der das Tor zum ewigen Leben geöffnet hat.
Ich glaube an den Heiligen Geist,
der in der Kirche wirkt und sie heiligt,
der mich vertrauen lässt, dass auch ich mit meinen
Schwestern und Brüdern auferstehen werde,
und der mich begleitet ohne Ende.
Amen.

Solidaritätsbekenntnis

In der heutigen Kirche bräuchten wir neben dem Glaubensbekenntnis auch ein Solidaritätsbekenntnis, das den Glauben konkretisiert. Dies würde die Kirche als sichtbares Zeichen glaubwürdiger machen.

Ich trete ein für den Frieden gegen alle Gewalt.
Ich stehe ein für die Schwachen gegen die Drohungen der Starken.

Ich lade ein die Armen gegen die Ungerechtigkeit der Reichen.
Ich fordere ein die Rechte der Unterdrückten gegen die Macht der Starken.
Ich setze ein mein Kapital für ausgebeutete Menschen gegen den Luxus.
Ich werfe ein meine positive, optimistische Sicht gegen allen Pessimismus.
Ich schenke ein Lob gegen alle negative Kritiksucht.
Ich bringe ein die Ehrfurcht vor der Schöpfung gegen alle Zerstörung.
Ich gebe ein meine Zufriedenheit gegen allen Konsumzwang.
Ich handle ein die Versöhnung gegen alle Feindschaft.
Ich springe ein für den Glauben gegen alle Resignation.
Amen.

Glaubensbekenntnis der „Atheisten“

Als Anregung zum Nachdenken; dieses Bekenntnis ist sehr kurz, aber ehrlich:

„ICH!“

Erklärung: Der Glaube richtet sich an ein Du, wenn das Gegenüber fehlt, bleibt nur mehr das „Ich“!

Das Glaubensbekenntnis, in die Hand gezeichnet

Im Nürnberger Schatzbehälter, einem Buch des Franziskaners Stephan Fridolin aus dem Jahre 1491, finden sich die Wappenhände. Sie sind mit den Artikeln des Glaubensbekenntnisses beschriftet – durch den Glauben sind wir gewappnet. Stephan Fridolin ermutigt die Menschen, nach dem Wort des Propheten Jesaja „Ich habe dich eingezeichnet in meine Hände“ (Jes 49,15) den Glauben in die Hände zu zeichnen oder zu schreiben.

Gestaltung

Zwei Fragen zur Meditation:

- *Woran kann ich mich im Glauben festhalten?*
- *Welchen Glaubensinhalt möchte ich mit meinem Verstand begreifen?*

Alle Mitfeiernden dürfen sich drei verschiedene Fingerfarben (Dreifaltigkeit) aussuchen und die eigenen Handinnenflächen zu den beiden Fragen bemalen. Als Variante können sich auch zwei Personen gegenseitig die Hände bemalen.
Nicht nur die bunten Farben, sondern auch unsere Hände (Narben, Linien) erzählen von unserem Leben und Glauben.
Während das Glaubensbekenntnis gesprochen wird, drücken alle der Reihe nach ihre Hände auf ein weißes Leinentuch oder auf ein weißes Plakat gleichsam als persönliche Bestätigung, als Wappen oder als Stempel des eigenen Glaubens. Dieses Tuch wird zur Taufe mit Wasser um das Taufbecken gehängt oder von zwei Personen als Hintergrund hochgehalten.

Glaubensbekenntnis als Herzensgebet

Das lateinische Glaubensbekenntnis beginnt mit dem ausdrucksstarken Wort „credo“, das sich aus „cor“ und „dare“ zusammensetzt und mit „das Herz schenken“ übersetzt werden kann.

Gott, du mein lieber Vater, meine liebe Mutter.
Ich schenke dir mein Herz,
der du der allmächtige Schöpfer aller Kreaturen bist,
des Himmels, der Erde und allen Seins.
Gott, du mein lieber Bruder Jesus Christus.
Ich schenke dir mein Herz,
der du dich als Mensch ganz ausgesprochen hast.
Du Freund der Armen, Kranken und Ausgegrenzten.
Deine Liebe ging bis zum Kreuz.
Du bist die Auferstehung und das Leben auch für uns.

Dein Gericht richtet auf und vergibt ohne Grenzen.
Gott, du meine liebe Freundin Heiliger Geist.
Ich schenke dir mein Herz,
die du alles belebst und erneuerst.
Du wirkst in der Kirche trotz aller Menschlichkeit und heiligst sie.
Ohne dein zartes Wehen kann nichts bestehen.
Deine Verheißungen geben ewiges Leben.
Amen. Halleluja.

Gestaltung

- *Körperausdruck:* Alle sind eingeladen, während das Glaubensbekenntnis gebetet wird, dreimal zum Text „Ich schenke dir mein Herz" mit den Händen ein großes Herz darzustellen: Die Hände werden gefaltet, so dass sich die Handinnenflächen zart berühren. Beide Hände werden langsam nach oben geführt, öffnen sich weit zur Seite, und indem sich der Oberkörper vorbeugt, werden sie kurz über den Zehen wieder gefaltet. Anschließend richtet man sich langsam Wirbel für Wirbel mit den gefalteten Händen wieder auf.

- *Das Herz symbolisch darstellen:* Alle erhalten ein rotes Herz aus Papier oder Karton und falten dieses in der Mitte einmal zu einem Blutstropfen zusammen. Der Blutstropfen erinnert an die Liebe Jesu, die bis zum Kreuz ging. Während des Textes: „Deine Liebe ging bis zum Kreuz" öffnen alle den Blutstropfen und befestigen mit einem Klebeband das Herz am Taufbrunnen.

Taufe mit Wasser

Die Berührung mit Wasser ist das Kernritual der Taufe, es verbindet uns mit allen Christen.

Taufgebet

Leben spendender Gott,
auf vielfache Weise deutet das Wasser in der Heilsgeschichte auf die Taufe hin:
Schon am Beginn der Schöpfung schwebte der Geist über dem Wasser.
In der „Taufe der Schöpfung", im Wasser der Sintflut, hast du unsere Taufe sinnbildlich vorbereitet. Das Alte wurde vernichtet und neues Leben entstand.
Die Israeliten erlebten am Schilfmeer die Befreiung aus der Knechtschaft und die Errettung vor dem Tod als Sinnbild für die Auferstehung.
Bei der Taufe Jesu am Jordan hast du uns deinen geliebten Sohn geoffenbart.
Aus der Seite Jesu flossen am Kreuz Wasser und Blut, die Sakramente der Taufe und der Eucharistie. Nach der Auferstehung erhielten die Jünger den Auftrag, geht und lehrt alle Völker und

tauft sie im Namen des Vaters, des Sohnes und des Heiligen Geistes.

Wenn nun N. mit Wasser getauft wird, so schenke auch diesem Kind im Leben die Fülle des Heiles und des Lebens.

Amen.

Taufformel

Ich taufe dich im Namen des dreifaltigen Gottes,
des *Vaters*, der dich aus Liebe geschaffen hat,
des *Sohnes*, der die Kinder gesegnet hat,
des *Heiligen Geistes*, der dich lebendig macht.
Amen.

Taufe durch Übergießen mit Wasser

Das Übergießen mit Wasser bedeutet, dass wir mit dem göttlichen Leben in Berührung kommen. Die Liebe Gottes möge uns überströmen. In manchen Kirchen sind bereits Taufbrunnen mit frischem, fließendem Wasser zu finden. Die Leben spendende Liebe Gottes kommt hier vertieft zum Ausdruck. Der hl. Ambrosius führte als Begründung für die dreifache Taufformel an, dass der Christ das dreimalige Liebesbekenntnis des Petrus nachahmen soll.

Gestaltung

- Um die Freude über das neue Mitglied in der Gemeinde allen zu verkünden, können während des Taufritus die Turmglocken läuten.
- Zum Taufritus können sich alle um das Taufbecken versammeln. Meditative Musik (mit Wasserrauschen) kann anregen, sich zu bewegen bzw. zu tanzen: einfach vom fließenden, sprudelnden Wasser sich berühren lassen und selber zur sprudelnden Quelle für andere werden. Die Bewegung drückt das Leben aus, welches uns das Wasser lehrt und das uns in der Taufe geschenkt wurde. (Es gibt viele CDs, die das Element Wasser ausdrücken.)

- Das Taufbecken kann mit vielen bunten Blumen geschmückt sein.
- Alle Kinder dürfen bei der Spendung der Taufe mit Wasser ganz nahe zum Taufbecken kommen.
- In einen schönen Glaskrug oder in eine Schale wird der Name des Kindes eingeritzt. Dieser Krug wird bei der Taufe und später bei Familienfesten verwendet.

Taufe durch Untertauchen des Täuflings

Im Altertum wurden die Täuflinge bei der Taufe ganz untergetaucht, daher leitet sich auch der Name Taufe ab. Das Untertauchen symbolisiert das Sterben mit Christus, das Ablegen des alten Menschen. Das Auftauchen symbolisiert das neue Leben und die Auferstehung. Dieser alte Taufritus wird heute mehr und mehr neu belebt.

Sei brav, bade jetzt!

Gestaltung Über eine Kinderbadewanne mit Warmwasser wird ein großes weißes Tuch gelegt. Auf dieser wird das Kind langsam ins Wasser getaucht. Falls das Kind gerne badet, soll dieses angenehme Ritual auch bei der Taufe genossen werden dürfen. Der Täufling wird zweimal bis zum Hals eingetaucht und das dritte Mal kurz ganz untergetaucht. Nach dem Abtrocknen ist es sehr angebracht, das Kind mit neuen Kleidern, dem Taufkleid, zu kleiden.

Entfaltende Riten

Salbung

Nach der Taufe mit Wasser wird der Täufling mit Chrisamöl auf der Stirn gesalbt. Paulus schreibt den Korinthern, dass sie „Christi Wohlgeruch für Gott" sind. Die Christen sind berufen, ein anziehendes und gut riechendes Parfüm in der Welt zu sein. Der Priester spricht bei der Salbung: *„Du wirst nun mit dem heiligen Chrisam gesalbt; denn du bist Glied des Volkes Gottes und gehörst für immer Christus an, der gesalbt ist zum Priester, damit du einen direkten Draht zu Gott hast, zum König, damit du selber lebst und nicht gelebt wirst, und zum Propheten, damit du etwas zu sagen hast, was nur durch dich ausgedrückt werden kann, in Ewigkeit."*

Priester(in) Jede(r) Getaufte hat Anteil am allgemeinen Priestertum. Das ist die Botschaft des ersten Petrusbriefes: „Ihr aber seid ein auserwähltes Geschlecht, eine königliche Priesterschaft, ein heiliger Stamm, ein Volk, das sein besonderes Eigentum wurde, damit ihr die großen Taten dessen verkündet, der euch aus der Finsternis in sein wunderbares Licht gerufen hat." (1 Petr 2,9)

Priester(in) sein bedeutet:
- von Gott auserwählt sein,
- einen direkten Draht zu Gott haben,
- in uns selbst Gott und Mensch miteinander zu verbinden,
- Irdisches in Göttliches zu verwandeln,
- durchlässig sein für das Göttliche im Leben,
- die göttlichen Spuren in jedem Menschen entdecken und verkünden.

König(in)

Wir haben durch die Taufe Anteil an der Königswürde Christi, wir werden zu Königskindern.
Ein König ist ein freier Mensch,
- der über sich selbst herrscht und nicht beherrscht wird,
- der selber lebt und nicht gelebt wird,
- ein Mensch mit einer unantastbaren Würde,
- der sich seiner Verantwortung bewusst ist, für Frieden und Gerechtigkeit, besonders für das Recht der Armen zu sorgen.

Prophet(in)

Ein Prophet ist jemand,
- der mit seinem Leben für Gott einsteht,
- der etwas zu sagen hat, das nur durch ihn gesagt werden kann,
- der tröstet und befreit, aber auch ermahnen kann,
- der Zukunft eröffnet.

Gestaltung

- Das Gefäß mit dem Chrisamöl wird allen zum Riechen gereicht, der Duft des Öles möge den ganzen Raum erfüllen.
- Eine Duftlampe kann entzündet werden, die den wohlriechenden Duft des Öles in den ganzen Raum hineinträgt.

Anziehen des weißen Kleides

„Ihr alle, die ihr auf Christus getauft seid, habt Christus als Gewand angelegt“ (Gal 3,27). Dadurch wird nach außen sichtbar, wer wir eigentlich sind, Kinder Gottes. Als Söhne und Töchter Gottes erhalten wir das beste Gewand, das er hat (vgl. Lk 15,22). Dieses neue Kleid gibt uns eine neue Identität, wir sind mit Christus zu himmlischen Menschen geworden.

Alle, die wiedergeboren sind, werden mit weißen Kleidern bekleidet, so wie Jesus am Berg Tabor verklärt wurde und sein Gewand leuchtend weiß wurde (vgl. Lk 9,29). Wir tragen gleichsam das Kleid Jesu.

Das weiße Kleid signalisiert, dass der Täufling in der Taufe neu geschaffen worden ist und – wie die Schrift sagt – Christus angezogen hat. Durch das Anziehen des Kleides kommen wir in Berührung mit Christus, so wie die kranke Frau sich sagte: „Wenn ich auch nur sein Gewand berühre, werde ich geheilt“ (vgl. Mt 9,20–22). Mit Christus in Berührung kommen bedeutet Heil und Leben.

Ein buntes Kleid kann ausdrücken, dass jedes Kind Farbe in die Kirche und in die Welt bringt. Das Ziel christlichen Lebens ist es nicht, unberührbar, rein weiß zu sein, sondern sich von den Sorgen und Nöten der Menschen berühren zu lassen. Jesus scheute sich nicht, mit dem Dreck des Stalles oder den ansteckenden Wunden der Aussätzigen in Berührung zu kommen.

Gestaltung

- Das Taufkleid sollte nicht nur darüber gelegt, sondern auch angezogen werden, damit die Symbolik nicht verfälscht wird. In manchen Familien sind Taufkleider Tradition, in die die Namen aller Täuflinge eingestickt werden.

- Das Kind kann auch mit einem schönen bunten Tauftuch als Kleid umwickelt werden, das mit dem Namen des Kindes bestickt oder bemalt ist. Das Tuch kann später als Tischtuch oder als Wandschmuck im Kinderzimmer verwendet werden.
- Das neue beste „Kleid" kann auch von den Verwandten als Geschenk überreicht werden: Haube von den Großeltern, Socken von den Geschwistern, Strampelhose von den Paten usw. Nach der Reihe wird das neue Kleid angezogen.

Übergabe der Taufkerze

Die Taufkerze (Lebenskerze) wird an der Osterkerze entzündet. Christus ist das Licht der Welt, das durch die Auferstehung die Finsternis des Todes durchbrochen hat; das in der Taufe zu diesem Kind gekommen ist und es auf seinem ganzen Lebensweg begleiten möchte. Hier kommt unsere Berufung als Christen zum Ausdruck, nämlich Lichtblick zu sein und Licht zu bringen. Wenn wir nicht vor Liebe brennen, werden andere vor Kälte sterben (Mauriac).

Gestaltung

- Nachdem der Vater oder der Pate die (selbst gemachte) Taufkerze an der Osterkerze entzündet hat, wird das Licht an alle, die ihre (Tauf-)Kerze mitgebracht haben, weitergegeben.
- Das Tauflicht kann in einer Laterne mit nach Hause genommen werden.
- Die Taufkerze als Lebenskerze kann auch an wichtigen Festen des Lebens entzündet werden.
- Die Symbole der selbst gemachten Taufkerze können kurz erläutert werden.
- Der Text „Die Taufkerze spricht" kann vorgetragen werden (Text siehe 141).

Effata-Ritus

Der Priester berührt die Ohren und den Mund des Täuflings. Dieser Ritus erinnert an die Heilung des Taubstummen, bei der Jesus dessen Ohren und die Zunge berührte (vgl. Mk 7,31–37).

Gestaltung

Die drei Figuren

Eine Skulptur oder ein Bild der drei Affen, die sich die Hände vor die Augen halten, wird allen gezeigt. Die drei Figuren sagen uns, dass wir manchmal die Augen, den Mund und die Ohren verschließen vor dem Positiven, aber auch dem Negativen, das uns begegnet. Jesus möchte unsere Sinne öffnen, damit wir Gott in allen Geschöpfen erfahren und ihn vor allen bekennen.
Der Taufspender berührt Mund, Ohren und Augen des Kindes, damit diese von Christus geöffnet werden, damit das Kind die Frohbotschaft vernimmt und bekennt.
Dazu können sich drei Kinder vor die Taufgemeinde stellen und jeweils ihre Augen, den Mund und die Ohren mit beiden Händen bedecken. Während der Taufspender den Täufling berührt, geben die Kinder nach der Reihe die Hände weg von den Sinnesorganen als Zeichen der Bereitschaft sich zu öffnen: nicht verschlossen, sondern offen!

Gebet zum Effata-Ritus

Die Paten beten stellvertretend für das Kind:

Herr, öffne meine Ohren, damit ich den Schrei der Hungernden nicht überhöre.

Herr, öffne meinen Mund, damit ich angesichts der Ungerechtigkeit nicht schweige.

Herr, öffne meine Augen, damit ich die Armut der anderen nicht übersehe.

Herr, öffne meine Ohren, damit ich die Zwischentöne höre.
Herr, öffne meinen Mund, damit ich andere ermutige und aufbaue.
Herr, öffne meine Augen, damit ich das Positive bei mir und den anderen sehe.

Effata-Lied

Öffne meine Ohren, Heiliger Geist (siehe Seite 152)
Das Lied wird von der Taufgemeinde gesungen oder getanzt (siehe Seite 124).

Berühren verschiedener Körperteile

Diese Geste kann von verschiedenen Personen der Taufgemeinde ausgeführt werden. Christus hat nur unsere Hände, Füße, Augen…, um die Liebe Gottes in die Welt zu bringen.

- Augen (der Großvater berührt die Augen): *Das Strahlen deiner Augen möge die Schönheit der Schöpfung sehen und hinter jedem Kunstwerk den Künstler entdecken.*
- Mund (Großmutter): *Das Lachen deines Mundes möge die Frohe Botschaft verkünden. Deine Worte mögen erzählen von den Wundern des Lebens.*

- Ohren (Patin): *Deine Ohren mögen sich öffnen für die richtigen Worte, für den richtigen Ton, für die Sprache des Herzens und die Wahrheit der Weisen.*
- Hände (Pate): *Deine zarten Hände mögen dir das richtige Fingerspitzengefühl geben.*
- Füße (Vater): *Deine kleinen Füße mögen dich tragen auf den Stufen der Barmherzigkeit und dir deine Würde als aufrichtiger Mensch schenken.*
- Nase (Mutter): *Deine Nase führe dich stets zu den Quellen des Heils.*

Abschluss der Tauffeier

Lied

Gebet

(z. B. der Großeltern, siehe S. 132)

Vaterunser

Gestaltung

- Das Kind auf den Altar legen und um den Altar stehend das Vaterunser beten oder singen. Bedeutung: Das Neugetaufte wird auf den Altar gelegt, an dem es kraft der Taufe später an der Eucharistie teilnehmen wird. Ebenso drückt dies aus, dass die Kinder nur eine Leihgabe an die Eltern sind und dankbar dem Herrn zurückgegeben werden, um sie neu zu empfangen.

- Tanz: Vaterunser
  Das Vaterunser kann auch getanzt werden. Jemand macht die Bewegungen vor und alle tanzen spontan mit.

Melodie: I am sailing
Text: Bergpredigt
Choreographie: Br. Franz mit Firmlingen von Scharnitz

1. Vater unser, unser Vater, dein Name soll heilig sein,
unser Vater, dein Reich komme und dein Wille soll geschehn.
2. Vater unser, unser Vater, unser täglich Brot gib uns,
lass uns denken, unser Vater, an den Hunger in dieser Welt.
3. Vater unser, unser Vater, und vergib uns unsre Schuld,
unser Vater, auch wir wollen unseren Schuldigern vergeb'n.
4. Lass alle Versuchungen vorübergehn,
sei uns Erlöser vom Bösen.

1. Strophe
Vater unser: beide Hände vor der Brust falten (mit ausgestreckten Fingern), in dieser Haltung eine Verneigung mit dem Oberkörper nach vorne. *Bedeutung – Begrüßung Gottes.*
Unser Vater: die Arme nach oben führen und ausstrecken, dabei die Hände öffnen, das Gesicht blickt nach oben. *Bedeutung – Gott umarmen zur Begrüßung.*
Dein Name soll heilig sein: die Arme zur Seite in einem weiten Bogen langsam senken (als würde man eine Weltkugel andeuten). *Bedeutung – den Namen Gottes über diese Welt schreiben.*
Unser Vater: beide Arme nochmals nach oben ausstrecken und die Hände öffnen. Bedeutung – mich nach Gott ausstrecken.
Dein Reich komme: beide Arme langsam senken, bis sich die Hände vor der Brust befinden. Die Hände sind geöffnet und bilden eine Schale. *Bedeutung – offen sein für das Reich Gottes.*
Und dein Wille soll geschehn: die Hände senken und seitlich neben das Becken führen, Handinnenflächen blicken dabei nach vorne. *Bedeutung – sich Gott ergeben.*

2. Strophe

Vater unser, unser Vater: wie in der ersten Strophe.

Unser täglich Brot gib uns: Hände bis zur Brust senken, jedoch übereinander legen, wie zum Empfang der Kommunion. *Bedeutung – Brotkorb.*

Lass uns denken: Kopf nach vor neigen. *Bedeutung – Demut.*

Unser Vater: Kopf wieder heben. *Bedeutung – aufgerichtet werden.*

An den Hunger in dieser Welt: beide Hände auf den Bauch legen und bei Welt beide Arme leicht nach unten zur Seite führen, Handinnenflächen zeigen nach vorne. *Bedeutung – Brot mit den anderen teilen.*

3. Strophe

Vater unser, unser Vater: wie in der ersten Strophe.

Und vergib uns unsre Schuld: dreimal mit der rechten Faust an die Brust klopfen. *Bedeutung – an die Tür unseres verschlossenen Herzens klopfen.*

Unser Vater: mit dem Gesicht nach oben blicken (Kopf heben). *Bedeutung – zu Gott aufschauen.*

Auch wir wollen unseren Schuldigern vergeb'n: beide Arme vor der Brust kreuzen und auf die Brust legen (oder dem linken und rechten Nachbarn die Hand reichen). *Bedeutung – Versöhnung.*

4. Strophe:

Lass alle Versuchungen vorübergehn: beide Arme waagrecht nach vorne strecken, die Handinnenflächen zeigen nach vorne, und von links nach rechts in dieser Haltung einen Halbkreis ziehen. *Bedeutung – Abwehr.*

Sei uns Erlöser vom Bösen: Arme waagrecht links und rechts zur Seite strecken. Dann beide Arme vor der Brust kreuzen und bei „Bösen" eine Faust bilden. *Bedeutung – Kreuzeshaltung, Erlösung am Kreuz.* Am Schluss die Faust öffnen und die Arme senken. *Bedeutung – Taube, Heiliger Geist.*

Segnung

von Taufkerze, Ketterl oder anderen Gegenständen für das Kind

Begrüßungsgeschenk der Pfarre

Ein Geschenk der Pfarrgemeinde wird übergeben. Der Taufspender (oder ein Mitglied der Pfarrgemeinde) überreicht den Eltern ein Geschenk und drückt dadurch die Freude über das neue Mitglied in der Gemeinschaft der Christen aus.

- Buch vom Namenspatron
- Kinderbibel
- Von Gemeindemitgliedern gestaltete Weihwasserflasche
- Kerzenständer für die Taufkerze
- Tau(kreuz)
- Liederbuch

Taufsolidarität

Einlösen der Erstgeburt durch eine Spende:
Nach jüdischem Gesetz war jede Erstgeburt bei Mensch und Vieh heilig und gehörte Jahwe (vgl. Ex 13,2). Jede menschliche Erstgeburt musste daher durch ein Schaf und eine Taube oder durch zwei Turteltauben im Tempel ausgelöst werden (vgl. Ex 13,11–16 und Lev 12,1–8). Daher wurde auch Jesus 40 Tage nach der Geburt in den Tempel gebracht (vgl. Lk 2,22–40). Die katholische Kirche

feiert dies am 2. Februar mit dem Fest „Darstellung des Herrn“ (Mariä Lichtmess).

Etwa jede 4. Sekunde stirbt ein Kind auf der Welt an Unterernährung und Hunger.

Während ein Kind bei der Taufe aus Wasser und Geist wiedergeboren wird, liegen andere Kinder im Sterben. Dieses Wissen kann uns nicht kalt lassen. Es wäre schön, wenn bei jeder Taufe ein kleiner Beitrag der Solidarität für Menschen (Kinder) in der Krise/Not gespendet würde.

Überreichung der Urkunde

Der Taufspender überreicht den Eltern die Taufurkunde. Der Pate kann eine Patenurkunde überreichen.

Urkunde des Paten

Die Patin oder der Pate überreichen den Eltern bei der Taufe eine Patenurkunde mit dem vereinbarten Inhalt, was sie für das Kind in der Zukunft zu übernehmen bereit sind:

- Ich bin bereit, dem Kind Eislaufen oder Panflötespielen beizubringen.
- Ich bin bereit, für das Kind ein guter Babysitter zu sein.
- Ich bin bereit, dem Kind bei Problemen ein guter Ansprechpartner zu sein.

URKUNDE
DES
PATEN

Pate/Patin: ……………………………

Taufe am: ……………………………

Als Taufpate/Taufpatin erkläre ich mich bereit, für meinen Täufling N., der (die) auf den dreifaltigen Gott getauft wurde, folgende drei Aufgaben zu übernehmen:

1.) Ich bin bereit ……………………………………………

2.) Ich bin bereit ……………………………………………

3.) Ich bin bereit ……………………………………………

DATUM UNTERSCHRIFT

STEMPEL/FINGERABDRUCK

Segen

Das Wort „segnen“ kommt vom lateinischen „signare“ und heißt so viel wie „bezeichnen“. Durch ein Zeichen sind Dinge und Menschen erkennbar, so dass deutlich wird, wem sie gehören.
Im Lateinischen heißt segnen auch „benedicere“. Das bedeutet so viel wie: „Ich sage dir, du bist gut“. Dies erinnert uns an die Taufe Jesu.

Gestaltung

Segnen mit Weihwasser

Zuerst werden alle vom Taufspender gesegnet, anschließend wird der Segen weitergegeben. Jeder taucht die Finger in das Taufwasser und zeichnet allen oder dem linken und rechten Nachbarn ein Kreuz auf die Stirn. Dazu werden folgende Worte gesprochen: „Ich sage dir, du bist gut“ oder „Du bist mein geliebter Sohn/meine geliebte Tochter“ oder „Du gefällst mir“.

Dreifacher Segen

Im Namen des Vaters segne dich
der zärtliche Gott, er berühre und beschütze dich,
seine väterliche Hand begleite dich auf all deinen Wegen.
Im Namen des Sohnes segne dich
der Herr über das Leben und der Sieger über den Tod,
seine Menschenfreundlichkeit komme über dich
und schenke dir ein tiefes Vertrauen.
Im Namen des Heiligen Geistes segne dich
der Leben spendende Gott,
er schenke dir seine mütterliche Wärme
und lasse dich zu einem Friedensboten werden.
Das gewähre uns allen der dreieinige Gott:
der Vater, der Sohn und der Heiligen Geist. Amen.

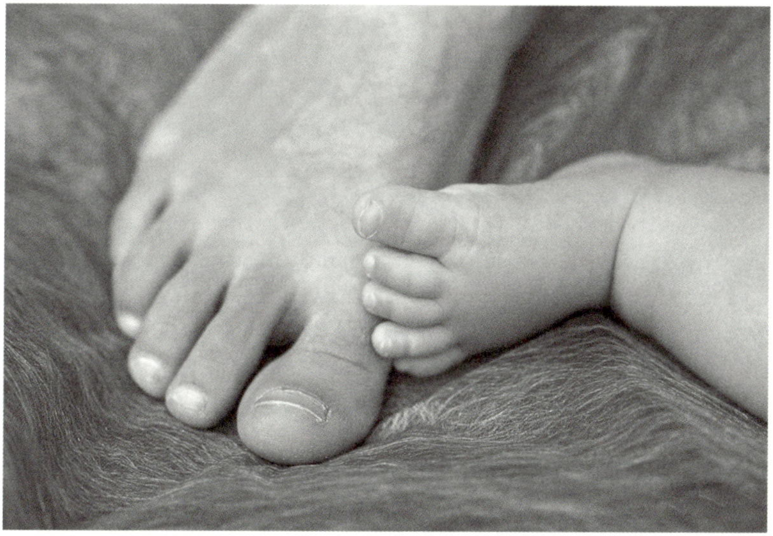

Segenslieder

- Das Lied „Der Herr segne dich“ oder ein anderes Segenslied wird dreimal gesungen. Dabei werden jeweils der Mutter, dem Vater und den Paten die Hände aufgelegt.
- Vor dem Marienaltar wird ein Marienlied gesungen oder das „Gegrüßet seist du, Maria“ gebetet. Dabei wird um Marias Schutz für das Kind gebeten. Auch eine Kerze kann geopfert werden.

3. Symbole und Elemente für Taufgottesdienste

Die Zahl derer, die ihr Kind taufen lassen, jedoch wenig Bezug zur Gemeinschaft der Kirche bzw. zur Pfarrgemeinde haben, nimmt zu. Umso wichtiger kann in Zukunft die Beteiligung der Gemeinde an der Taufpastoral und bei der Feier der Taufe sein. Nun folgen verschiedene Impulse zu mehreren Themen, die sich für einen Taufgottesdienst oder eine Feier der Tauferneuerung mit der Gemeinde eignen.

Zur Quelle gehen

Quellen üben von jeher eine Anziehungskraft auf die Menschen aus. Quellen drücken etwas Geheimnisvolles, Göttliches aus, wo sie entspringen, entsteht Leben. Fragen drängen sich auf: Wo sind meine Quellen in meinem Leben? Wo entspringt durch mich Leben?
Das Taufwasser ist eine göttliche Quelle, aus ihr entspringt ewiges, göttliches Leben. Diese Quelle verbindet uns mit allen Getauften, mit allen Christen. Sie ist somit ein Ort der Begegnung mit Gott und untereinander.

Text Klara und Franziskus wollten sich nach langer Trennung wiedersehen. Sie vereinbarten einen Ort in einem Tal bei Assisi, an dem sie sich gerne aufhielten. Auf dem Grund des Tales hatte sich ein Bach sein Bett gegraben.
Nun kam es, dass Klara zur vereinbarten Zeit auf der einen, Franziskus aber auf der anderen Seite des Baches ankamen. Sie standen nur wenige Meter voneinander entfernt, aber der Bach trennte sie.

Klara rief Franziskus zu: Komm herüber! Franziskus aber wehrte ab: Das Wasser ist tief und reißend, es würde mich umbringen. Lasst uns eine Brücke suchen.
Sie suchten eine Brücke, aber es gab keine. So können wir uns heute nicht begegnen, gehen wir nach Hause, sagte Franziskus traurig.
Klara aber war beharrlich: Wir gehen den Bach hinauf, bis zur Quelle. Dort ist das Wasser niedrig, wir können durchwaten und zusammenkommen.
So wanderten sie den Lauf des Baches hinauf. Der Weg wurde steil und anstrengend. Es dauerte Stunden.
Aber die Freude, miteinander sprechen zu können, ließ Franziskus und Klara die Hindernisse mühelos überwinden.
Schließlich kamen sie zur Quelle des Baches. Sie war so lauter und klar. Sie spürten Durst. Sie schöpften mit den Händen Wasser aus der Quelle und tranken es wie eine Köstlichkeit. Das Wasser war wie ein Spiegel, darin Klara und Franziskus ihr eigenes Bild fanden.
So ist unser Leben, sagte Klara. Wir sind unterwegs, jeder auf seinem Weg. Menschen sind nicht nur geschaffen, einander zu haben und zu genießen. Menschen sind geschaffen, miteinander zur Quelle zu finden. Menschen sind geschaffen, um Gott zu genießen.

(Helmut Schlegel)

Gestaltung

Weihwasser weitergeben

- Jemand taucht seine Finger in das Weihwasser und reicht dieses einem anderen weiter.
- Einander mit dem Weihwasser segnen, indem ein Kreuz auf die Stirn gezeichnet wird.

Die Quelle wird so zum Ort der Begegnung.

Weihwasserflasche

- Alle Familien nehmen Taufwasser in einer Flasche mit nach Hause oder
- das Taufwasser wird kranken oder allein stehenden Menschen (Altersheim) gebracht.

Bibelstellen Zum Thema „Quelle“ eignen sich Psalm 104,10–17 oder Jes 58,11.

Gott sah, es war sehr gut

Gen 1 Wer von uns braucht nicht Bestätigung, Anerkennung und das Gefühl, angenommen zu sein. Wenn Gott unser Schöpfer am sechsten Tag sein Werk betrachtete und es als „sehr gut“ empfunden hatte, meinte er nicht nur die Tiere, Bäume und Berge, sondern auch dich. Das Wort „gut“ heißt: „Es ist gut, dass es dich gibt!“ oder „Du bist gut!“. Dieses Wort können wir nicht oft genug hören.

Text Siehe Schöpfungsgeschichte eines Kindes (S. 143)

Bibelstellen Gen 1, Psalm 8 oder Psalm 104

Gestaltung Einander segnen

Alle legen einander die Hände auf und sprechen dabei diesen Segen: *„Ich sage dir, du bist gut.“* Bei einer großen Gemeinde wird der linke und rechte Nachbar gesegnet.

Es ist gut, dass es dich gibt!

Alle bekommen ein leeres A4-Blatt mit Klebstreifen auf den Rücken geklebt und gehen durch den Raum. Mit einem Filzstift soll jeder eine positive Eigenschaft, die ihm zu dieser Person spontan einfällt, darauf schreiben. Anschließend darf jeder seine Botschaften lesen.

Getragen sein

Zu Beginn des Lebens werde ich zur Taufe getragen, am Ende des Lebens werde ich wieder getragen. „Ihr habt gesehen, wie ich euch auf Adlerflügeln getragen habe.“ (Ex 19,4)
Adler werfen ihre Jungen aus dem Nest und fangen sie wieder auf, indem sie ihre Flügel unter ihnen ausbreiten. So werden sie getragen.

Bibelstelle

„Hört auf mich, ihr vom Haus Jakob, und ihr alle, die ihr vom Haus Israel noch übrig seid, die mir aufgebürdet sind vom Mutterleib an, die von mir getragen wurden, seit sie den Schoß ihrer Mutter verließen. Ich bleibe derselbe, so alt ihr auch werdet, bis ihr grau werdet, will ich euch tragen. Ich habe es getan, und ich werde euch weiterhin tragen, ich werde euch schleppen und retten.“

(Jes 46,3–4)

Gestaltung

Jedes Kind darf sich in ein großes Schwungtuch legen und wird kurz von den Erwachsenen hochgehoben und getragen. Dazu kann meditative Musik gespielt werden. In die meditative Stimmung hinein kann immer wieder ein Satz der Bibelstelle gelesen werden.
Falls kein Schwungtuch vorhanden ist, eignet sich auch ein anderes großes Tuch.

Die Wüste wird zum Garten

Ohne Wasser des Lebens bleibt auch unser Dasein trocken und verschlossen. Durch die Taufe werden wir geöffnet für ein Leben mit Gott, für ein Leben als Gottes Kinder. Dabei kommt Farbe in unser Leben.

Bibelstelle „Der Herr wird dich immer führen, auch im dürren Land macht er dich satt und stärkt deine Glieder. Du gleichst einem bewässerten Garten, einer Quelle, deren Wasser niemals versiegt." (Jes 58,11)

Gebet Lebendiger Gott!

A: Wir bringen dir unseren Durst nach Leben.
B: Wir bringen dir unsere ausgetrocknete Seele.
C: Wir bringen dir unsere Farblosigkeit.
D: Wir bringen dir alles, was wüst und leer ist in unserem Leben.
E: Wir bringen dir unseren Hunger nach Glaube, Hoffnung und Liebe.
F: Schenke uns allen immer wieder das lebendige Wasser.
G: Lass alle Farben leuchten, die du in uns hineingelegt hast.
H: Und stille unseren Hunger und Durst. Amen.

Gestaltung *Material:* Kübel mit Sand, Kinderschaufel, eine große weite Schale und eine kleine Schale mit Wasser, eine Rose von Jericho (erhältlich bei Bibelbehelfsdiensten).

Jedes Gemeindemitglied gibt eine Hand voll trockenen Sand in die große Schale, als Ausdruck der Sehnsucht und des Durstes nach Leben. In eine Vertiefung des Sandes wird dann die kleine Schale mit Wasser gestellt und in diese die Rose von Jericho gelegt.

Hinweis: Die Rose von Jericho ist eine Wüstenpflanze, die sich im ausgetrockneten Zustand schließt. Legt man die Rose in eine

Schale mit warmem Wasser, öffnet sie sich und wird innerhalb kurzer Zeit grün.

Der tanzende Krug

Tanz ist meist ein Ausdruck der Freude. Der Prophet Jesaja lädt uns dazu ein: „Ihr werdet Wasser schöpfen voll Freude aus den Quellen des Heils." (Jes 12,3)
So wie die Geburt eines Kindes ein freudiges Ereignis ist, soll auch das Geschenk des neuen Lebens in der Taufe ein Fest der Freude sein. Dies kann besonders gut ausgedrückt werden mit einem einfachen Tanz.

Bibelstellen

Jes 55,1–3 oder Jes 12,1–6

Ausdruckstanz

Verschiedene blaue Tücher werden zu einem langen Band verknüpft. Dieses wird in einen schönen großen Krug gegeben.

Choreographie:
Eine Vortänzerin beginnt zu meditativer (Wasser-)Musik dieses Wasserband langsam aus dem Krug zu ziehen, so als würde eine Quelle entspringen. Während die Tücher aus dem Krug herausgelockt werden, versucht sie, runde fließende „Worte des Wassers" mit dem ganzen Körper und mit dem Tuch in der Hand sprechen zu lassen. Die Bewegungen der Vortänzerin können von allen, die gerne tanzen, übernommen werden.
Variation 1: Die Kinder werden eingeladen, das Wasser mitzutanzen. Die Erwachsenen reichen sich die Hände, bewegen sich fließend im Außenkreis und stellen so den tanzenden Krug dar.

Variation 2: Nach dem Part der Vortänzerin nehmen die Kinder das Tuch in die Hand und tanzen die lebendigen Wasserwellen, indem sie sich mit dem Tuch zur Musik auf und ab bewegen.

- Als Erinnerung an die Taufe erhält jeder einen kleinen (Ton-) Krug, auf dem der Name des Täuflings steht.
- Ein Krug Wasser wird bei der Taufe allen zur Erfrischung zum Trinken gereicht.

Brunnen – Sehnsucht nach Glück

Von jeher sind Brunnen Lebensquelle und Anziehungspunkt vieler Menschen. In vielen Brunnen, Flüssen und Seen sind Münzen zu finden, die den Menschen Glück bringen sollen.

Bibelstelle Jesus am Jakobsbrunnen (Joh 4,1–27): Diese samaritische Frau findet am Jakobsbrunnen ihr Glück.

Geschichte Zu einem Einsiedler, der gerade beim Wasserschöpfen am Brunnen war, kamen einst Menschen und fragten ihn: „Was hat das Leben in der Stille für einen Sinn?“ Darauf antwortete der Einsiedler: „Schaut in den Brunnen! Was seht ihr?“ Sie sagten: „Wasser und Wellen.“ Darauf sagte er zu ihnen: „Setzt euch eine Weile hin, schließt eure Augen und werdet still.“ Nach einer Weile forderte er sie noch einmal auf, in den Brunnen zu schauen. Er fragte sie: „Was seht ihr jetzt?“ Sie sagten: „Wir sehen uns selbst im Spiegel des Wassers.“
Das ist das Geheimnis der Stille, ich sehe mich selbst, wie ich wirklich bin, vor mir selber und vor Gott.

Gestaltung Ein Zimmerbrunnen wird aufgestellt. Alle lauschen dem Plätschern des Wassers und versuchen, ganz still zu werden. Der Reihe nach

darf jeder zum Brunnen gehen und eine Glücksmünze (z. B. 1 Euro) in das Wasser werfen. Dadurch wird der Wunsch ausgedrückt, das neue Leben möge dem getauften Kind Glück bringen. Wer möchte, kann auch laut einen Glückwunsch vor der Gemeinde ausdrücken. Das Taufwasser kann von diesem Brunnen mit einem Krug geschöpft und das Geld für einen guten Zweck gespendet werden.
Beim Segen können alle dem Täufling mit dem gesegneten Wasser des Brunnens ein Kreuz auf die Stirn zeichnen.

Taufe am Fluss

Jesus wurde selber von Johannes im Fluss Jordan getauft. Ein Fluss spricht für sich, er bringt ständig frisches Wasser, er beruhigt und reinigt. Der Fluss möchte uns lehren, dass wir unsere inneren Quellen fließen lassen sollen. Auch unsere Liebe und unser Glaube möge zu vielen Menschen strömen.

Bibelstelle

„Am Sabbat gingen wir (Paulus und Silas) durch das Stadttor hinaus an den Fluss, wo wir eine Gebetsstätte vermuteten. Wir setzten uns und sprachen zu den Frauen, die sich eingefunden hatten. Eine Frau namens Lydia, eine Purpurhändlerin aus der Stadt Thyatira, hörte zu; sie war eine Gottesfürchtige, und der Herr öffnete ihr das Herz, so dass sie den Worten des Paulus aufmerksam lauschte. Als sie und alle, die zu ihrem Haus gehörten, getauft waren, bat sie: Wenn ihr überzeugt seid, dass ich fest an den Herrn glaube, kommt in mein Haus, und bleibt da." (Apg 16,13–15)

Gestaltung

Der erste Teil der Liturgie (Eröffnung und Wortgottesdienst) wird im Gotteshaus gefeiert, der zweite Teil (Spendung der Taufe und Abschluss) wird am Fluss zelebriert. Nach dem Wortgottesdienst gehen oder fahren alle zum Fluss, aus dem mit einem Krug frisches Wasser für die Taufe geschöpft wird.

Kirche sind wir alle!

Bei der Taufe werden wir in die Weggemeinschaft der Kirche aufgenommen, die unterwegs ist zu Gott.

Mit Stühlen eine Kirche bauen

Der Priester lädt die Taufgemeinde ein, kurz innezuhalten und über ihr Bild der Kirche nachzudenken. Danach werden alle ermutigt, mit Stühlen gemeinsam eine Kirche darzustellen. Voraussetzung ist genügend Platz und ein Stuhl für jede Person.
Eine Person beginnt und stellt ihren Stuhl in die Mitte. Nach der Reihe kann jede Person ihren Stuhl dazustellen, -legen usw. Dies soll ohne zu reden geschehen. Anschließend kann sich jeder die Kirche von allen Seiten ansehen. In der Reflexion sind alle eingeladen, ihre Eindrücke und Gedanken zur Konstruktion und Gestalt zu äußern.

Mit Kartons eine Kirche bauen

In der Mitte des Raumes befinden sich verschieden große Kartons, ebenso Schreibmaterial, Geschenkpapier, Verpackungsmaterial und Klebeband. Jede Person darf sich einen Karton, einen Filzstift, einen Papierbogen usw. aussuchen.
Zuerst wird die Schachtel von jedem wie ein Geschenk eingepackt. Anschließend schreibt jede Person ihren Namen auf das leere Geschenk. In einer kurzen Stille meditiert jeder seine Fähigkeiten und Talente. Diese werden nun auf die Box geschrieben. Aus diesen von Talenten gefüllten Geschenken wird gemeinsam eine Kirche gebaut. Eine Person beginnt, ihre Fähigkeiten vorzulesen und die Box in die Mitte zu stellen. Der Reihe nach folgen alle anderen.
Variante: Falls sich die Teilnehmenden gut kennen, kann jeder seinen Namen auf die Box schreiben. Dann wird die Box im Kreis weitergegeben und jeder schreibt darauf, welche Talente er bei dieser Person bereits entdeckt hat.

Mit Holzklötzen eine Kirche bauen

Jede Person erhält einen gleich großen Holzklotz (z. B. 4 x 4 x 20 cm) und klebt ein Etikett darauf. Hierauf wird entweder der Vorname oder das, was an der Kirche positiv erlebt wird, geschrieben.
Nun wird am Altar oder am Boden von den Kindern (oder von allen, die möchten) mit den Klötzen ein Kirchturm gebaut.
Anschließend dürfen verschiedene Personen versuchen, einen Holzklotz vom Kirchturm herauszuziehen, bis der Turm zusammenbricht.
Deutung: Je mehr Klötze fehlen, umso wackeliger wird der Turm, umso ärmer wird die Kirche.

Bibelstellen

Lk 12,32 (die kleine Herde) oder Lk 6,46–49 (das Haus auf dem Felsen).

Gebet

A: Herr, erneuere deine Kirche und fange bei mir an.
B: Gib durch uns Heimat im Glauben und fange bei mir an.
C: Lass uns Zeugen der Frohbotschaft sein und fange bei mir an.
A: Lass die Pfarrgemeinde ein Ort der Freude sein und fange bei mir an.
B: Schenke uns eine lebendige Liturgie und fange bei mir an.
C: Gib den Kindern Vorbilder im Glaubensleben und fange bei mir an. Amen.

4. Das Fest nach der Taufe

Taufmahl

Da jedes Sakrament eine Feier ist, gehört auch das Mahl als wichtiges Element dazu.

Tischschmuck

- Der Name des Kindes kann zur Dekoration dienen.
- Zum Tischschmuck können Fotos vom Täufling verwendet werden.
- Auf der Torte befindet sich aus Lebensmittelfarben ein Foto des Täuflings.
- Das „Buch des Lebens" wird aufgelegt, alle dürfen Glückwünsche für den Täufling eintragen.
- Das Element Wasser wird hervorgehoben.
  - Ein Krug Wasser wird zur Erfrischung gereicht.
  - Ein Krug mit blauen Tüchern kann das Wasser des Lebens unterstreichen.
  - Nach dem Mahl wird zur Händewaschung warmes Wasser mit etwas Zitrone gereicht.

Taufgeschenke

- Kinderbibel
- Christliche CD
- Geschichtenbuch/Mappe
  Alle Mitfeiernden der Taufgemeinde werden schon bei der Einladung gebeten, eine Geschichte aus dem eigenen Leben oder ein Märchen bzw. Gedicht zur Taufe mitzubringen.

Diese Geschichten werden in einer Mappe mit Klarsichthüllen zu einem Taufbuch zusammengefügt. (Format A4 oder A5 bekannt geben.)

Kinderprogramm zum Taufmahl

Falls mehrere Kinder anwesend sind, scheint es sehr angebracht, für das Taufmahl ein Kinderprogramm vorzubereiten. Viele Erwachsene sind froh, wenn sie in Ruhe Kaffee trinken können.

Taufquiz

Viele Kinder lieben Quizfragen, bei denen es etwas zu gewinnen gibt. Um allen gleichen Spaß zu ermöglichen, sollten alle Teilnehmer einen Preis bekommen. Für den Gewinner bzw. die Gewinnerin gibt es zusätzlich einen Applaus von der Taufgemeinde.

Kinder, aufgepasst!
Pro Frage ist nur eine Antwort richtig! Nur eine Frage hat zwei richtige Antworten.
Bei einer Frage dürft ihr die Großeltern oder Paten um Hilfe bitten (Joker).
Die richtige Antwort ist anzukreuzen. Falls ihr euch geirrt habt, könnt ihr die richtige Antwort unterstreichen.

1) Was fragt der Priester die Eltern am Beginn der Taufe?
   a) Wie heißen Sie mit dem Vornamen?
   b) Gibt es nachher ein Taufmahl?
   c) Was erbitten Sie von der Kirche?

2) Welche Zeichen werden bei der Taufe verwendet?
   a) Weihrauch
   b) Osterkerze
   c) Brot und Wein

3) Was antworten die Leute nach dem Evangelium?
   a) Danke, das genügt!
   b) Lob sei dir, Christus!
   c) Amen!

4) Wie heißt der Namenspatron des Täuflings?
   a) Hl. Maria, Mutter Gottes
   b) Hl. Johannes Paul II.
   c) Hl. ...

5) Welche Aufgabe hat ein Taufpate?
   a) Dem Kind jedes halbe Jahr etwas zu schenken.
   b) Den Eltern als Babysitter auszuhelfen.
   c) Dem Kind im Glauben ein Vorbild zu sein und den Eltern beizustehen.

6) Von wem wurde Jesus getauft?
   a) Von Johannes dem Täufer
   b) Von der hl. Maria und dem hl. Josef
   c) Vom Papst

7) Welches Zeichen wird dem Kind bei der Taufe auf die Stirn gezeichnet?
   a) Sternzeichen
   b) Kreuzzeichen
   c) Verkehrszeichen

8) Mit welchem Öl wird das Kind bei der Taufe gesalbt?
   a) Kürbiskernöl
   b) Sonnenblumenöl
   c) Chrisamöl

9) Welche Farbe hat das Taufkleid, mit dem das Kind bekleidet wird?
   a) Weiß
   b) Rosa oder blau
   c) Schwarzweiß

10) In welche Gemeinschaft wird der Täufling aufgenommen?
   a) In die Familie
   b) In die Kirche
   c) In die Kinderspielgruppe

11) Wer wird am Schluss der Taufe besonders gesegnet?
   a) Der Priester und die Ministranten
   b) Die Eltern und Paten
   c) Die Großeltern und die Kinder

12) Was erinnert uns im Alltag an die Taufe?
   a) Mineralwasser
   b) Weihwasser
   c) Salzwasser

13) Welches Gebet wird bei der Taufe gesungen oder gebetet?
   a) Tischgebet
   b) Vaterunser
   c) Glaubensbekenntnis

14) Warum wird ein Kind getauft?
   a) Weil wir ohne Weihwasser nicht leben können.
   b) Weil das Wasser so gesund ist.
   c) Weil das Taufwasser ewiges Leben schenkt.

15) Wie nennt man die Personen, die bei der Taufe angerufen werden?
   a) Heilige
   b) Christen
   c) Gläubige

16) Welche Kinder hat Jesus gehabt?
   a) Lazarus
   b) Maria Magdalena
   c) Keine

Auflösung: 1c; 2b; 3b; 4c; 5c; 6a; 7b; 8c; 9a; 10b; 11b; 12b; 13b+c; 14c; 15a; 16c.

Tauffrätsel für Kinder

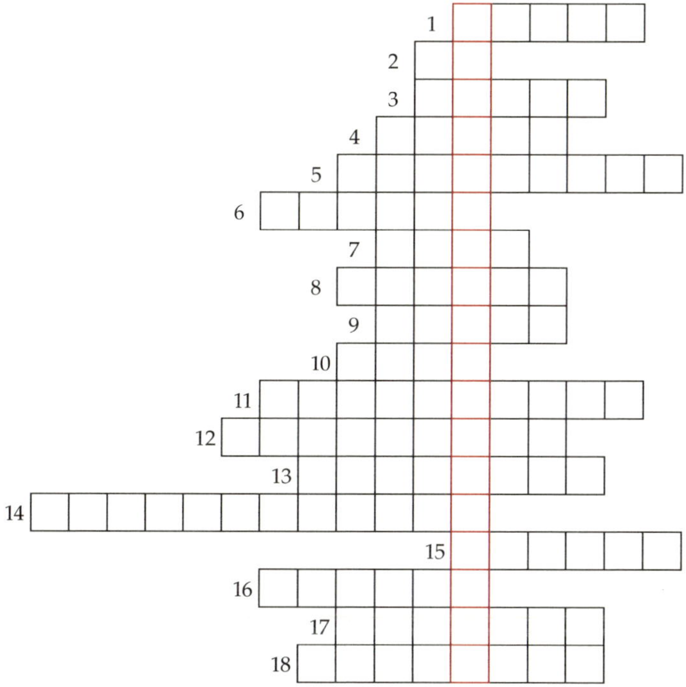

Fragen zum Rätsel

- Wer kam bei der Taufe auf Jesus herab?
- Was verwendet die Kirche zur Salbung?
- Jeder hat einen Familien- … und einen Vor- …?
- Wie nennt man die feierliche Aufnahme in die Kirche?
- Gebet, bei dem verschiedene Anliegen zu Gott gebracht werden?
- Gemeinschaft, in die der Täufling aufgenommen wird?
- Ein Körperteil, der beim Effata-Ritus der Taufe berührt wird?

- Womit werden wir getauft?
- Wie nennt man das Gespräch mit Gott?
- Wie nennt man jene, die dem Kind und den Eltern im Glauben beistehen?
- Woran wird die Taufkerze entzündet?
- Die Taufe gehört zu den 7 …?
- Wer taufte Jesus?
- Welches Zeichen wird von allen dem Täufling auf die Stirn gezeichnet?
- Welchen Beinamen hat die Person, von der Jesus getauft wurde?
- Eine andere Bezeichnung für „Heilige" – Namens…?
- Wie heißt das Öl, mit dem wir bei der Taufe gesalbt werden?
- Wie nennt man jene, die auf Christus getauft wurden?

Auflösung:
1. Geist; 2. Öl; 3. Name; 4. Taufe; 5. Fürbitten; 6. Kirche; 7. Mund; 8. Wasser; 9. Taufbecken; 10. Pate; 11. Osterkerze; 12. Sakrament; 13. Johannes; 14. Kreuzzeichen; 15. Täufer; 16. Patron; 17. Chrisam; 18. Christen; Lösungswort: Glaubensbekenntnis.

Tauf-Memory

In das leere Feld von der Größe eines Memory-Kärtchens wird noch der Name des Täuflings geschrieben. Anschließend wird die Vorlage etwas vergrößert, zweimal auf Karton kopiert, von den Kindern verschieden angemalt und ausgeschnitten. Das Spiel erfolgt nach den bekannten Memory-Regeln.

BIBEL
ICHTHYS

TAUFE
A
Ω

Fische falten

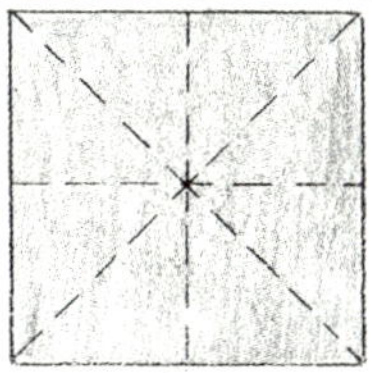

Das Papier an den Hilfslinien knicken.

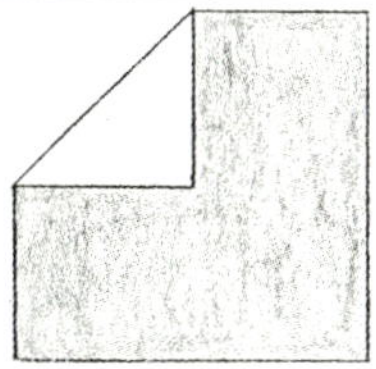

Die linke obere Ecke auf den Mittelpunkt falten – umdrehen.

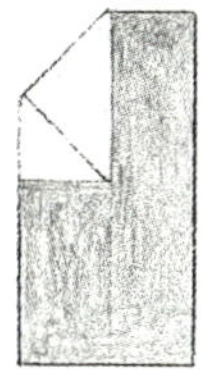

Rechte und linke Kante auf die senkrechte Mittellinie falten.

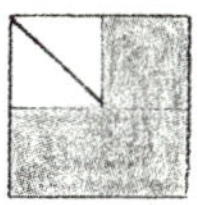

Obere und untere Kante auf die waagrechte Mittellinie falten.

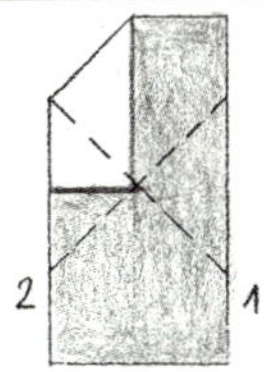

Faltungen wieder rückgängig machen und Hilfslinien 1 + 2 falten.

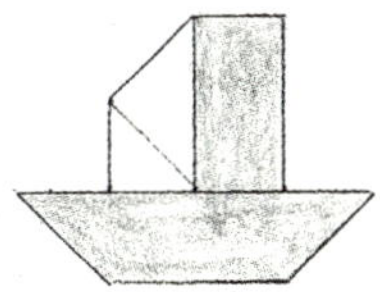

Die unteren Ecken anheben und nach außen ziehen. Untere Kante zur waagrechten Mittellinie bringen.

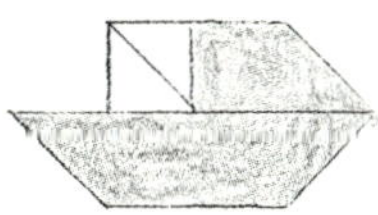

Die obere Spitze nach außen ziehen, dabei die obere Kante ebenfalls zur Mittellinie bringen.

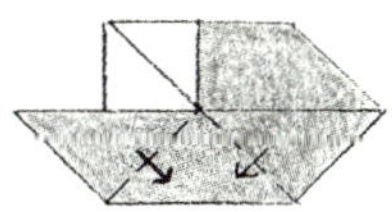

An den Hilfslinien nach unten falten.

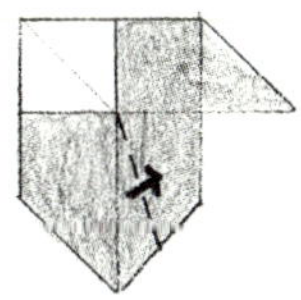

Rechte untere Spitze entlang der Markierung nach rechts falten.

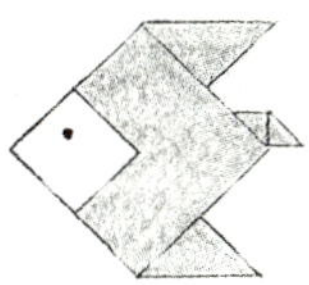

Figur umdrehen – der Fisch ist fertig!

Man benötigt dazu ein quadratisches Blatt Papier, das von den Kindern auf einer Seite in kräftigen Farben bunt bemalt wird.

Ein Mobile mit den Kindern basteln

Die von den Kindern gefalteten und bemalten Fische werden auf einem Ast befestigt und den Eltern als Dekoration für das Kinderzimmer überreicht.

Fische angeln

Es werden mehrere Fische gefaltet. Auf die Rückseite jedes Fisches wird eine von den Kindern zu lösende Aufgabe geschrieben. Dann wird jeder Fisch mit einer Büroklammer versehen. Aus Holzstäben stellt man eine Angel her, an deren Schnur ein Magnet befestigt wird. Mit Gegenständen wird ein Fluss oder ein Teich abgegrenzt. Reihum angeln sich die Kinder einen Fisch und versuchen die Aufgabe, eventuell unter Zuhilfenahme eines Erwachsenen, zu lösen.

Mandala mit christlichen Symbolen

Das Malen und Betrachten von Mandalas führt den Menschen zur Mitte, in die Tiefe seiner Seele. Es wirkt beruhigend, ordnend, harmonisierend. Die Brust der Mutter ist das erste Mandala, das dem Kind begegnet.

Geheimschrift In Erinnerung an die ersten Christen, die sich zur Zeit der Christenverfolgung unter Nero Geheimzeichen ausdachten, um untereinander Verbindung aufzunehmen, können auch die Kinder ihre Geheimschrift entwerfen und untereinander Botschaften austauschen. Folgender Raster kann von den Kindern ergänzt und verwendet werden:

Bedeutung	A	B	C	D	E	F	G	H	I	J
Geheim-zeichen				Δ			M		<><	
Bedeutung	K	L	M	N	O	P	Q	R	S	T
Geheim-zeichen	A			I					K	
Bedeutung	U	V	W	X	Y	Z	Ä	Ö	Ü	
Geheim-zeichen								E		

Z. B.: AEI<><MKA<><IΔ (= Königskind)

5. Tänze zur Taufe

Die Lieder zu den Tänzen befinden sich auf S. 152ff.

Tänze für Erwachsene und Kinder: Kumbai alavia, Meines Herzens Dunkel, Wassertanz, Vaterunser.
Kindertänze: Groß ist die Sonne, Unser Leben sei ein Fest, Wassertropfentanz, Effata-Lied (Öffne meine Ohren, Heiliger Geist).

Kumbai alavia

Übersetzung: Der Friede sei mit dir
Das Lied wird dreimal gesungen und dazu werden folgende drei Choreographien nacheinander getanzt:

Choreographie 1
Aufstellung: Alle stehen im Kreis mit der Front zur Mitte.
Kumbai: Die Hände werden übereinander gelegt und zu einer Schale geformt. Die Schale wird zur Stirn geführt und wieder gesenkt. Dabei leicht in die Knie gehen und mit dem Oberkörper vor und zurück wiegen (den ganzen Körper mitnehmen beim Tanz).
Bedeutung: Die Schale soll Offenheit darstellen. Wir wollen uns mit dem Geist/Denken zu Christus bekennen.
alavia: Wie vorher, jedoch die Hände zum Mund führen.
Bedeutung: Wir wollen uns auch mit dem Mund zu Christus bekennen.
asche': Die Hände bleiben übereinander gelegt (Schale), werden diesmal aber über die rechte Schulter geführt und wieder gesenkt, als wolle man einen Gegenstand nach hinten werfen.
Bedeutung: Wir werfen unsere Sorgen und Sünden hinter uns.

asche': Beide Arme werden nach oben geführt und die Hände werden geöffnet. Ebenso geht der Blick nach oben.
Bedeutung: Gott loben und preisen.

Choreographie 2
Aufstellung im Kreis. Die Arme werden abgewinkelt nach oben gestreckt (Orantenhaltung).
Nach rechts der Sonne entgegengehen, dabei bei jedem Wort, das gesungen wird, sich abwechselnd nach rechts und nach links wiegen.
Bedeutung: Christus dem Licht entgegengehen.

Choreographie 3
Aufstellung im Kreis. Die Arme bleiben in der Orantenhaltung. Bei jedem Wort, das gesungen wird, um die eigene Achse nach rechts um jeweils 90 Grad (in eine der vier Himmelsrichtungen) mit beiden Beinen hüpfen.
Bedeutung: Wir wollen die Frohbotschaft in die ganze Welt hinaustragen.

Meines Herzens Dunkel

nach einem Gebet des hl. Franziskus

Choreographie
Meines Herzens Dunkel: Alle Tänzer stehen im Kreis, Front zur Mitte, Oberkörper tief nach unten gebeugt mit Kopf Richtung Knie, Arme hängen überkreuzt nach unten.
Wandle in dein Licht: In einer spiralförmigen Drehung Oberkörper aufrichten (Hände während des Drehens nach oben öffnen wie

beim Ausziehen eines Pullovers) – Hände nach oben öffnen wie einen Trichter, der Blick richtet sich dabei nach oben.
Bedeutung: Gebeugte Haltung des Oberkörpers: Dunkelheit, Krise meines Lebens, Augen sind nur auf das eigene Ich gerichtet; ich kann nicht die Schönheit meiner Umgebung sehen;
spiralförmige Drehung: Wandlung.
Aufrichten: Gott richtet mich auf oder ich strecke mich Gott entgegen; beim Entgegenstrecken zum Licht (Gott) werde ich aufgerichtet.
Schenke mir den Glauben: Der linke Arm wird parallel zum rechten Arm geführt, linke Hand in der Höhe des rechten Ellbogens, Handflächen sind nach oben geöffnet, Arme sind nach rechts oben gestreckt.
Bedeutung: Erwartende Haltung, ich halte meine Hände für ein Geschenk offen.
der die Zweifel: Hände werden gekreuzt vor das Gesicht gehalten, Fäuste geballt.
Bedeutung: Zweifel nimmt mir die Sicht; die Fäuste sind ein Ausdruck von Bedrohung.
bricht: Drehung des Oberkörpers aus der Hüfte über rechts nach hinten, 180 Grad – Stand bleibt zur Front gerichtet; Hände werden waagrecht nach hinten gerichtet, Handflächen nach oben aufgestellt, wie Abwehrhaltung oder Stopp.
Bedeutung: Stand bleibt verwurzelt, ich stehe fest im Glauben.
Drehung des Oberkörpers um 180 Grad: Ich gebe dem Negativen nicht Raum; weise das Dunkel zurück – Kampf.
Hoffnung gib: Oberkörper richtet sich wieder zur Front und Sprung nach rechts oben, Händehaltung wie bei „schenke mir den Glauben".
Bedeutung: Sprung als Ausdruck von Freude und großer Erwartung.
und Liebe: Hände werden vor der Brust gekreuzt.
Bedeutung: Gib mir Liebe ins Herz, Liebe bewahre ich im Herzen.

dass ich es vermag: Ganze Drehung des Körpers nach rechts.
Bedeutung: Liebe gibt mir neue Kraft und Lebensfreude; alles vermag ich durch die Liebe.
deinem Wort zu folgen: Vier Schritte in Tanzrichtung, Hände des Nachbarn fassen oder frei.
Bedeutung: Tanzrichtung – dem Leben entgegengehen.
jetzt: 1 x klatschen zur Kreismitte, gleichzeitig.
und jeden Tag: Mit der rechten Hand aus der Kreismitte einen Bogen nach außen beschreiben und nach außen zeigen, Handflächen sind nach oben geöffnet, Blick folgt der rechten Hand nach außen, linke Hand bleibt in der Kreismitte.
Bedeutung: Ich trage das Wort Gottes jeden Tag neu hinaus in die Welt.

Wassertanz

(siehe S. 78 oder S. 99)

Vaterunser

(siehe S. 86)

Groß ist die Sonne

Choreographie: Ein Kinderlied, auch für Erwachsene: Aufstellung im Kreis, Front zur Mitte, Falten der Hände vor der Brust mit ausgestreckten Fingern.
Groß ist die Sonne: Beide Hände langsam nach oben führen in die Orantenhaltung.
Hell und klar ihr Schein: Die Hände weit öffnen und in einem großen Bogen mit den Händen einen Kreis (Sonne) zeichnen.
Keiner kann ohne Sonne sein: Den Kreis zu Ende zeichnen, dabei die Arme bis vor das Becken senken und die Handflächen zusammenführen.

Eine fette Wolke hat sie zugedeckt: Die Hände heben und beide Handkanten aneinander fügen (kleine Finger berühren sich). Beide Hände bis vor das Gesicht führen. Die Handinnenfläche sieht dabei zum Gesicht (Versteck).
doch schon sagt sie: Das Gesicht bleibt von den Händen bedeckt.
Hier bin ich: Beide Hände schnell nach links und rechts auseinander führen, so dass das Gesicht sichtbar wird.
hab mich bloß versteckt: Lachen und den Kopf nach links und rechts drehen. Arme bleiben seitlich erhoben.

Unser Leben sei ein Fest

Choreographie: Aufstellung im Kreis, Front zur Mitte, Handfassung.
Unser Leben: Zwei Schritte in Tanzrichtung gehen.
sei ein Fest: Eine Drehung um die rechte Schulter, Hände vom Körper wegstrecken.
Bedeutung: Tanzrichtung steht für dem Leben entgegen; Drehung als Ausdruck von Freude und Offenheit, auch Einladung.
Jesu Geist in unserer Mitte: Vier Schritte in Kreismitte gehen, dabei Handfassung und die Hände gemeinsam zur Kreismitte führen bis zur Stirnhöhe.
Bedeutung: Jesus ist die Mitte der Gemeinschaft.
Jesu Werk in unseren Händen: Hände leicht schwungvoll nach oben führen und leicht überstrecken, Hände des Nachbarn weiter halten, Hände bilden eine Krone, Kopf nach oben heben, ebenso Blick nach oben richten; dabei zwei Schritte zurückgehen, damit sich der Kreis leicht öffnet.
Bedeutung: Schwung symbolisiert die gemeinsame Kraft der Kirche; die Krone steht für die Würde des Menschen; alles, was wir mit Gott tun,

ist würdevoll; vor Gott dürfen wir aufrecht stehen und uns nach ihm ausstrecken: Er schenkt uns die Würde von Königskindern.

Jesu Geist in unseren Werken: Hände des Nachbarn loslassen, mit leichtem Schwung einen Gegen-Halbkreis ziehend, d. h. rechte Hand beschreibt Halbkreis nach links und umgekehrt, Hände zur jeweiligen Hüfte führen und parallel anlegen, Handflächen zur Front geöffnet, dabei zwei Schritte zurückgehen.

Bedeutung: Wir nehmen alles, was Gott uns schenkt, in den Alltag mit. Offene Handflächen zeigen die Bereitschaft zur Hingabe, das Ja zu Gott und zu meinem Nächsten.

Unser Leben: Zwei Schritte nach rechts gehen.

sei ein Fest: Ganze Drehung über die rechte Schulter, Hände vom Körper wegstrecken.

in dieser Stunde und jeden: Abwechselnd von einem Bein auf das andere im Stand hüpfen oder stampfen.

Tag: Bei Tag mit beiden Beinen aufhüpfen und stehen bleiben.

Bedeutung: Hüpfen ist ein starker Ausdruck von Freude; mit beiden Beinen gleichzeitig aufstampfen zur Bestätigung: So ist es! Auch ein Ausdruck von Verwurzelung.

Effata-Lied: Öffne meine Ohren, Heiliger Geist

Choreographie: Kindertanz – Ausdruckstanz

Tänzer: ideal sechs oder mehrere

Ausgangsposition: Alle Tänzer liegen oder hocken kreuz und quer am Boden. Pro Strophe richtet sich ein Kind (oder je nach Anzahl der Tänzer mehrere) auf und verharrt in der jeweiligen Position, bis alle Tänzer in der 6. Strophe stehen.

1) *Öffne meine Ohren, Heiliger Geist, damit ich deine Botschaft höre.*
1. Tänzer erhebt sich vom Boden, richtet sich auf in den Stand; die Hände halten beide Ohren zu. Während des Aufrichtens Hände hinter die Ohrmuschel legen (genaues Hinhören). In dieser Haltung verharren (Standbild), bis der letzte Tänzer steht (6. Strophe).

2) *Öffne meine Augen, Heiliger Geist, damit ich die Schönheit deiner Schöpfung sehe.*
2. Tänzer richtet sich auf, indem er den Oberkörper nach vorne hängen lässt; Wirbelsäule rollt sich auf, der Kopf ist der letzte Körperteil, der sich aufrichtet.
Hände halten beide Augen zu, während des Aufrichtens Hände vor den Augen langsam öffnen und eine Hand über die Augen wie ein Schild an der Stirn anlehnen, in dieser Haltung Drehung um die eigene Achse und in die Ferne schauen, am Ende der Drehung in dieser Haltung verharren.

3) *Öffne meinen Geist, Heiliger Geist, damit ich deine Botschaft glaube.*
3. Tänzer richtet sich geradlinig auf, Arme und Hände werden während des Aufrichtens senkrecht als Verlängerung der Körperachse über den Kopf nach oben geführt. Wenn der Tänzer aufrecht steht, werden beide Hände, einen Bogen beschreibend, zur Seite auseinander geführt, bis der Körper ein Kreuz darstellt (verharren).
Bedeutung: Osterbotschaft.

4) *Öffne meinen Mund, Heiliger Geist, damit ich deiner Herrlichkeit Zeugnis gebe.*
4. Tänzer richtet sich auf, Hände halten den Mund zu, bis der Tänzer steht, dann werden die Hände mit Wellenbewegungen (rechte und linke Hand beschreiben zeitlich versetzte Kreise) vom Mund weggeführt und nach oben in einer V-Form geöffnet. In dieser Lobpreishaltung verharren.

5) *Öffne meine Hände, Heiliger Geist, damit ich deine Hilfe fasse.*
5. Tänzer richtet sich auf, die Hände liegen übereinander zu einer Faust geformt, während des Aufrichtens öffnen sich die Hände zu einer Schale, in dieser Haltung einfrieren (= verharren).
Variation: Eine Hand öffnet sich zu einer Schale, die andere Hand streckt sich dem Himmel entgegen.
Bedeutung: Schale als Ausdruck von Offenheit, Hingabe, Demut; die Hand zum Himmel – wie Petrus die Hand Jesu erfassen.

6) *Öffne mein Gemüt, Heiliger Geist, damit ich deine Nähe liebe.*
6. Tänzer richtet sich in einer spiralförmigen Drehung um die eigene Achse auf, bis zur Lobpreishaltung. Arme dann langsam herunterführen und Hände vor der Brust kreuzen.
Bedeutung: Ich hole die Liebe Gottes in mein Herz.

7) *Öffne mein Herz, öffne mein Herz, Heiliger Geist, damit ich deine Liebe spüre.*
Alle Tänzer haben sich nun vom Boden aufgerichtet, 7. Strophe wird von allen gemeinsam getanzt.
Jeder Tänzer löst das eigene Standbild auf. Die Hände werden in Brusthöhe mit der Handfläche aneinander gelegt (Gebetshaltung). Bei „öffne mein Herz, öffne mein Herz, Heiliger Geist" mit den Händen ein großes Herz zeichnen (Hände

werden nach oben auseinander geführt und nach unten wieder zusammengeführt); dabei verlassen die Tänzer ihren Standpunkt und stellen sich in einem Kreis auf, bei „damit ich deine Liebe spüre“ werden die Hände auf die Schultern des Nachbarn gelegt.

Tanz der Wassertropfen

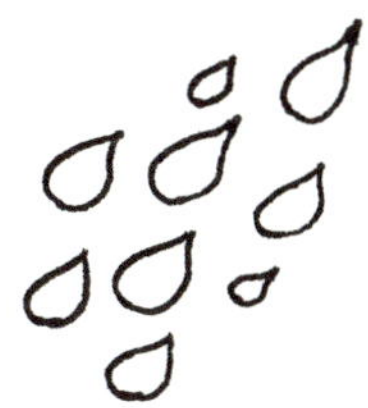

Choreographie: Aufstellung in zwei Reihen, aber nicht unmittelbar hintereinander, sondern schräg versetzt, fünf oder beliebig mehr Kinder.
Material: Jedes Kind erhält einen 30 cm großen, aus Karton ausgeschnittenen Wassertropfen, der auf der einen Seite blau angemalt ist und auf der anderen die Farben des Regenbogens trägt.
Musik: instrumental.
Am einfachsten ist es, wenn ein Erwachsener die Bewegungen vormacht und die Kinder diese imitieren.
Jedes Kind hält den Wassertropfen mit beiden Händen vor das Gesicht. Sobald die Musik beginnt, dreht die vordere Reihe den Karton etwas nach rechts, die hintere etwas nach links.
Nun wird am Stand mit dem Wassertropfen spielerisch getanzt. Der Tropfen wird in alle Richtungen fließend bewegt. Abwechselnd kann jeweils eine Reihe ihren Karton wenden, so dass einmal die blaue Farbe und einmal die Regenbogenfarben sichtbar sind.
Nach einiger Zeit bilden die Kinder einen Regenbogen, die Seite mit den Regenbogenfarben wird zur Gemeinde gewendet. Die Kinder stellen sich in einer Reihe auf, die mittleren heben ihren Tropfen so hoch als möglich, zum Rand hin wird der Wassertropfen ständig tiefer gehalten, so dass ein Regenbogen entsteht. Am Schluss werden die Tropfen am Boden zu einer Blüte gelegt.

Interpretation: Ein Regenbogen entsteht, indem sich das Sonnenlicht in den Wassertropfen spiegelt. Der Regenbogen ist ein Symbol für den Bund Gottes mit der ganzen Schöpfung. In der Taufe schließt Gott mit jedem Täufling einen Bund. Die vielen Wassertropfen, die sich zum Wasser verbinden, sind auch ein Bild für die Kirche.

6. Gebete und Texte zur Taufe

Dein Traum für mich ist das Leben!

Ein Taufpsalm

1 Ich danke dir, dass du mich so wunderbar gestaltet hast.
Dein Traum für mich ist das Leben!
2 Noch ehe ich entstand in der Liebe meiner Eltern,
hast du mich in deine Hand gezeichnet.
3 Gleich einem Liebesbrief an die Welt
hast du mich erschaffen.
Mögen alle, denen ich begegne,
in mir deine Zärtlichkeit lesen.
4 Du bist vertraut mit meinem Namen,
wie ein Siegel legst du mich auf dein Herz.
5 Deine Sehnsucht ist es, eins zu sein mit mir;
von Kopf bis Fuß tauchst du mich
in das Wasser deiner Liebe.
6 Führt mein Weg auch durch die Wüste der Einsamkeit,
du bist bei mir!
7 Mit deinem Licht erhellst du meine Traurigkeit
und beschenkst mich mit zahlreichen Talenten.
8 Drückt mich die Last des Alltags nieder,
richtest du mich auf.
Mit neuem Vertrauen salbst du
die Wunden meines zerbrechlichen Herzens.
9 Du kleidest mich mit dem Gewand der Freude,
steckst mir den Ring der Kindschaft an den Finger.
10 Mit Küssen deines Mundes bedeckst du mich
samt Haut und Haar.

Der Hauch deiner Lippen öffnet meine Sinne –
niemand vermag sie mehr zu schließen.
11 Zu hoch ist für mich dieses Wissen, ich kann es nicht fassen,
nur tanzen kann ich, so alt ich auch werde!
12 Denn ich bin gewiss: Du willst mich tragen,
bis ich grau werde, wirst du mich schleppen und retten.
13 Ich bin dein geliebtes Kind!
„Mein geliebtes Kind bist du, N. – Spruch Gottes,
deines Ursprungs: Mein Traum für dich ist das Leben!"

Gestaltung

Nach jedem Vers des Taufpsalms entzündet ein Kind seine mitgebrachte Taufkerze.

Gebete der Paten

Ein Gebet nach Franz von Assisi

Höchster, Leben spendender, dreifaltiger Gott,
erhelle die Dunkelheit meines Herzens,
damit ich Licht sein kann für mein Patenkind.
Schenke meinem Patenkind N. einen aufrichtenden Glauben,
eine feste tragende Hoffnung und vollende es in der Liebe.
Gib ihm (ihr) das richtige Gespür,
deine heilige Berufung zu erkennen und zu leben.
Amen

Viele gute Wünsche

Lieber N.
Heute ist ein großer Tag für dich.
Du empfängst das Sakrament der Taufe.
Viele gute Wünsche werden dir ins Taufkissen gelegt und auch wir möchten dir ein paar Gedanken mit auf deinen Lebensweg geben.

Wir wünschen dir Augen, die die kleinen Dinge des Alltags wahrnehmen und sie ins rechte Licht rücken.
Wir wünschen dir Hände, die nicht lange überlegen, ob sie helfen oder gut sein sollen.
Wir wünschen dir ein liebendes Herz, von dem du dich leiten lässt.
Wir wünschen dir Freunde, die mit dir lachen und schöne Stunden mit dir teilen.
Wir wünschen dir Menschen, die dich verstehen, begleiten und es ehrlich und gut mit dir meinen.
Wir wünschen dir Gesundheit und dass du im Alter auf ein erfülltes, gesundes Leben zurückblicken kannst.
Gott soll dich begleiten, dich beschützen und dir immer zur Seite stehen.

Wassertropfen

Liebe(r) N., du bist für mich wie ein Wassertropfen Gottes.
Du bist klein, zart, weich und beweglich.
Und schon spiegelt sich das Licht in dir.
Als Pate/in möchte ich dich an meinem Lebensfluss teilhaben lassen.
Gott möge es fügen, dass du vielen begegnest,
die mit dir in die gleiche Richtung strömen,
und dadurch viel Freude in Fluss kommt.
Wo immer du hinkommst, möge Leben entstehen,
und du selbst ein lebendiger Mensch werden.
Amen!

Tipp: Jeder Satz kann auf einen aus Klarsichtfolie ausgeschnittenen Wassertropfen geschrieben werden, damit kann ein Gebetsheft mit Zeichnungen gestaltet werden.

Gebete der Großeltern

Segen Gottes

Lieber N.
In der Taufe haben wir dich Gott anvertraut.
Darum bitten wir:
Gott segne und behüte dich auf all deinen Wegen, in deiner Freude, deinem Leid, deinem Glück und deiner Trauer.
Gott lasse sein Antlitz leuchten über dir und schenke dir Zukunft bei deinem Tun, deiner Arbeit, deinen Erfolgen, aber auch bei deinen Niederlagen.
Gott wende dir sein Antlitz zu und lasse dich Menschen finden, die dich mögen, die dir nahe sind, wenn du traurig und niedergeschlagen bist.
Er schenke dir seinen Frieden, viele gute Gedanken und ein Herz, das überschäumt in Freude und Liebe, und das beides weitergibt.
Denn, so viel die Liebe in dir wächst, so viel wächst die Schönheit in dir.
Gott sei immer mit dir und schenke dir verständnisvolle Eltern, Verwandte und Paten.

Staunen wie ein Kind

Er segne dich und sie! Amen.
Liebe N., lehre du uns Großeltern neu:
das Staunen wie ein Kind;
das Staunen vor einer Biene auf einer Blüte;
das Staunen vor dem Baum mit den großen Kirschen;
das Staunen vor der Schnecke auf der Wiese;
das Staunen vor der Flamme auf der Kerze;
das Staunen vor dem Öffnen eines Geschenkes;
das Staunen wie ein Kind.
Lieber Gott, wir möchten wieder staunen können,
vor den Wundern der Natur, vor all dem Schönen, das du uns so selbstverständlich schenkst. Amen.

Verwurzelt sein

Oma: Lieber Gott, zuerst einmal möchten wir für unser gesundes Enkelkind danken.

Opa: Wir freuen uns über das neue Leben in unserer Familie.

Oma: Als Großeltern möchten wir für N. gute Wurzeln sein,

Opa: die das Wachstum fördern und Halt geben in stürmischen Zeiten.

Oma: Lass auch N. einmal gut verwurzelt sein im Glauben und im Leben

Opa: und gesegnet sein mit vielen positiven Früchten und Talenten. Amen.

Gebete der Eltern

Jedes Leben ist ein Geschenk

Wir sind so voll Freude und Dank, dass wir kaum Worte dafür finden können.

Unser Kind ist zur Welt gekommen. Es ist gesund. Die Anstrengung und Aufregung der Geburt ist vorüber und vergessen. Danke, Herr, dass wir uns so lieben können. Danke, dass nun unser Kind bei uns ist.

Segne unsere Liebe, Herr, damit wir N. Geborgenheit schenken können und es Heimat bei uns findet. Lass uns aufrichtig und wahrhaftig sein, damit N. nach dir zu fragen lernt.

Mit der Taufe sagen wir: Jedes Leben ist Geschenk! Du erfüllst unser Herz mit unendlicher Freude über unser Kind! Als Jesus getauft wurde, ging der Himmel auf und eine Stimme war zu hören: Dies ist mein geliebter Sohn. Das wünschen wir bei der Taufe unserem Kind: einen offenen Himmel, einen Gott, der sagt: Für dich, N., bin ich da, ich stehe ganz zu dir und hinter dir. Herr, segne unser Kind, durch das du uns gesegnet hast.

Du bist für uns ein Fingerabdruck Gottes

Du bist für uns ein Fingerabdruck Gottes,
N., du bist einmalig,
ein unverwechselbarer Ausdruck Gottes.
Sein Bild ist dir eingeprägt,
jede Linie mit Liebe gezeichnet.
In deiner Lebenslinie erkennst du deine Berufung.
Uns Eltern bist du anvertraut,
wir möchten dich wertschätzen und lieben,
als Original hüten und fördern,
in deinem Leben einen guten Eindruck hinterlassen,
und deinem Lebensbild einen positiven Rahmen geben.
Amen.

Trage bei zum Frieden

Mama: Wir sind voller Glück und Dankbarkeit, dass unsere Familie durch dich gewachsen ist.
Papa: Mögest auch du an den Aufgaben und Herausforderungen des Lebens wachsen.
Mama: Gott schenke dir ein erfülltes Leben voller Gesundheit und Zufriedenheit.
Papa: Sei zufrieden mit den materiellen Gütern, die dir zur Verfügung stehen.
Mama: Entwickle deine Gaben zu einem aktiven Beitrag für den Frieden.
Papa: Lass den Heiligen Geist in deinem Leben und Wirken zu.
Mama: Sei zufrieden mit deiner Umgebung, die dich prägt, und die auch durch dich geprägt wird.
Papa: Sei unzufrieden dort, wo du etwas zum Guten ändern kannst.
Mama: Sei zufrieden mit den Entscheidungen, die du einmal treffen wirst.

Papa: Trage das Deine bei zum Frieden durch das, was Gott dir gibt und für dich bestimmt.

Mama: Sei zufrieden mit dir, wie Gott dich schuf.

Papa: Das wünschen dir von Herzen Mama und Papa.

Gestaltung Den Namen des Kindes buchstabieren. Zu jedem Buchstaben ein Wort (Wunsch) suchen und mit diesen Begriffen ein Gebet schreiben.

Gebete von Kindern

Die Kinder können eingeladen werden, eigene Gebete zu sprechen oder zu zeichnen.

Danke lieber Gott dass du alle Menschen in dein schönes Himmelreich aufnimmst!

Danke lieber Gott dass meine Schwester und ich Getauft geworden sind!

Danke lieber Gott das du alle Menschen gut versorgst!

Alexander!

10 Jahre

Gebete Gottes

Gott, wer bin ich für dich?

Gott sprach:
Du bist mein Ruf.
Du bist gewollt.
Du bist
Du.
Du bist
mein Original.
Du bist von
mir geliebt.
Du bist mein Kind. Du bist Du. Du bist einzig. Du bist mein.
Du bist gesandt. Du bist erlöst. Du bist von mir getragen.
Du bist mein Geschöpf. Du bist mein genialer Gedanke.
Du bist mein Kunstwerk.
Du bist ewig.
Du bist mein Traum.
Du bist mein Geschenk.
Du bist meine
Kuschelmaus.
Du bist mein Liebesbrief.
Amen.

Liebesbrief Gottes an das Kind

Liebe(r) N.,
dich gibt es nur einmal, du bist ein Original,
ich habe meine Freude an dir.
Ich habe dich in meine Hand geschrieben
und gebe dich nicht mehr her.
Schon lange bevor du geboren wurdest,
habe ich mir dich ausgedacht.
Du warst schon in meinem Buch des Lebens
verzeichnet, obwohl es dich noch gar nicht gab.
Ich habe meinen Ruf in dich hineingelegt
und möchte, dass du zu deiner Berufung findest.
Ich liebe dich, so wie du bist.
Alle Tage deines Lebens bin ich bei dir,
selbst die Umwege gehe ich mit.
Du bist mein Kind
und ich bin für dich Vater und Mutter zugleich.
Allein bei mir findest du die Erfüllung und
das Ziel deines Lebens. Amen.

Mein Fingerabdruck

Du bist mein Fingerabdruck und ich trage
dich, mein Kind, bei Nacht und bei Tage.

Ich halte dich schützend in meiner Hand,
da ich schon immer zu dir stand.
Hab Mut! Einzigartig bist du, bist ein Original!
Für immer schenk ich dir das Leben, ich find dich genial!

Tu auf dein Herz, vertraue mir,
auf deinem Weg ich dich zärtlich führ.
Tu auf deine kleine Hand, liebes Kind,
dass wir ein Liebesabdruck zusammen sind!

Texte

Glaubensbekenntnis eines Embryos

Im Bauch einer Schwangeren waren einmal zwei Embryos, ein gläubiger und ein skeptischer:
Der kleine Gläubige fragt:
Glaubst du an ein Leben nach der Geburt?
Der kleine Skeptiker:
Blödsinn, das gibt's doch gar nicht. Wie soll denn das überhaupt aussehen, ein Leben nach der Geburt?
Der kleine Gläubige:
Ich glaube fest, das gibt es. Unser Leben hier ist dazu da, dass wir wachsen und uns auf das Leben nach der Geburt vorbereiten, damit wir kräftig und groß genug sind für das Leben, das uns erwartet.
Der kleine Skeptiker:
Schwer und groß genug! Ich bekomme bald Platzangst, wenn das so weitergeht. Das Leben ist so begrenzt. Aber wie soll das aussehen nach der Geburt?
Der kleine Gläubige:
Das weiß ich auch nicht so genau. Aber es wird sicher viel heller sein als hier. Und vielleicht werden wir herumlaufen und mit dem Mund essen.
Der kleine Skeptiker:
So ein Quatsch! Herumlaufen, das geht doch gar nicht! Du meinst wohl herumschwimmen? Und mit dem Mund essen, so eine komische Idee. Es gibt doch die Nabelschnur, die uns ernährt. Außerdem geht das gar nicht, dass es ein Leben nach der Geburt gibt, weil die Nabelschnur jetzt schon viel zu kurz ist. Ich kann mich kaum noch umdrehen.
Der kleine Gläubige:
Doch, es geht bestimmt. Es wird eben alles ganz anders.

Der kleine Skeptiker:
Es ist noch nie einer zurückgekommen von „nach der Geburt". Mit der Geburt ist das Leben zu Ende. Das Leben ist dunkel und begrenzt, oder wie ich einmal träumte: das Leben ist wie eine Hühnerleiter, kurz und beschissen.

Der kleine Gläubige:
Denk nicht so pessimistisch! Ich kann mir leider auch nicht genau vorstellen, wie es einmal sein wird, jedenfalls werden wir unsere Mutter sehen und sie wird für uns sorgen und uns lieben.

Der kleine Skeptiker:
Mutter? Du glaubst an eine Mutter? Was ist das denn?

Der kleine Gläubige:
Na hier, überall um uns herum. Wir sind und leben in ihr und durch sie. Ohne sie können wir gar nicht sein.

Der kleine Skeptiker:
Quatsch! Von einer Mutter habe ich noch nie was gemerkt, also gibt es sie auch nicht.

Der kleine Gläubige:
Manchmal, wenn wir ganz still sind, kannst du sie singen oder sprechen hören, oder spüren, wenn sie unsere runde Welt streichelt.

Der kleine Skeptiker:
Außerdem, wie willst du hier rauskommen? Ich habe schon so oft gegen diese Wand hier geboxt oder mit dem Fuß getreten, da ist nichts zu machen.

Der kleine Gläubige:
Bei der Geburt wird sich irgendwo eine schmale Tür öffnen. Ich glaube nicht, dass wir gemeinsam hinauskönnen, aber wenn du willst, ich lasse dir gerne den Vortritt. Wir können uns ja dabei die Hand geben.

Die Taufkerze spricht

Es werde Licht
Ich will entflammen
Das Dunkel bannen
Dein Gesicht erkennen
Dich Bruder, Schwester nennen
Auch andere entzünden
Und Christus verkünden
Die Herzen erwärmen
Fürs Leben schwärmen
Vor Liebe brennen
Deinen Namen nennen
Das Gute wagen
Den Eltern danke sagen
Mich selber hingeben
Und Freude erleben
Wenn Schatten entstehen
Nicht von dir gehen.

Geschichte

Der Opal

In einem Juwelierladen konnten zwei Freunde sich nicht satt genug an den Edelsteinen sehen. Sie staunten über die Vielfalt der Steine, über ihr Leuchten und Glitzern. Plötzlich aber stutzten sie. Vor ihnen lag ein gewöhnlicher Stein, matt und ohne Glanz. „Wie kommt denn der hierher?" Diese Frage hörte der Juwelier und musste lächeln. Er sagte zu dem einen der beiden Freunde: „Nehmen Sie diesen Stein ein paar Augenblicke in Ihre Hand." Als er später die Handflächen öffnete, strahlte der vorher glanzlose Stein in herrlichen Farben. „Wie ist das möglich?" Der Fachmann wusste die Antwort: „Das ist ein Opal. Er braucht nur die Berührung einer warmen Hand und schon zeigt er seine Farben und seinen Glanz. Er enthält alle notwendigen Elemente des Lebens in sich: Wasser, Licht, Luft und Wärme. In der Wärme entzündet er leise und lautlos sein Licht. Der Opal ist ein tiefes Symbol für alles Gutsein und für alles Zarte in unserem Leben. Es gibt so viele Menschen auf der Erde, arm und reich, klein und groß, gebildete und einfache, die alle nur der Berührung einer warmen Hand, eines lieben Wortes, einer kleinen Zärtlichkeit, einer helfenden Tat bedürfen, um aufzustrahlen im Licht der Freundlichkeit, um das Wunder der Zuneigung zu erfahren, um hell zu werden im Glanz einer leisen Begegnung."

Das Gespräch der kleinen Hand mit der großen Hand

Kleine Hand: „Warum ist dieses Fest ein besonderes Fest?"
Große Hand: „Weil du mit dem göttlichen Leben in Berührung kommst und in die Gemeinschaft der Kirche aufgenommen wirst."
Kleine Hand: „Warum muss ich aus dem Wasser und Geist neu geboren werden?"

Große Hand: „In der Taufe wird das Kind neu geboren zum ewigen Leben, es hat teil am unvergänglichen, göttlichen Leben."
Kleine Hand: „Warum bekomme ich ein weißes Kleid?"
Große Hand: „Weil du das Kleid Jesu anziehen darfst. Er umgibt dich, schützt und wärmt dich wie ein Kleid."
Kleine Hand: „Warum werde ich mit dem Öl gesalbt?"
Große Hand: „Weil du in der Taufe zum Priester, der einen guten Draht zu Gott hat, zum König, der selber lebt, und zum Propheten, der etwas zu sagen hat, gesalbt wirst."
Kleine Hand: „Warum wird die Taufkerze entzündet?"
Große Hand: „Weil Jesus selber das Licht ist, das in der Taufe zu dir kommt und dir deinen Lebensweg erhellen will."
Kleine Hand: „Warum werden meine Augen, Ohren und mein Mund berührt?"
Große Hand: „Weil Jesus auch dich berühren möchte. Er macht dich sehend für Gottes Schöpfung, hörend für Gottes Botschaft und sprechend von Gottes Liebe."

Schöpfungsgeschichte eines Kindes

Am Anfang schuf die Mutter den Himmel und die Erde des Kindes.
Und die Welt des Kindes war wüst und öde,
Tohuwabohu herrschte,
da war keine Ordnung,
kein Zusammenhang,
keine Geborgenheit.
Finsternis lag über der Welt.
Aber das Gesicht der Mutter
erschien über dem Chaos.
Und die Mutter sprach: Es werde Licht!
Und es ward Licht.

Und immer, wenn sie sich dem Kinde zuwandte,
tauchte sie die Welt in Licht.
Wandte sie sich ab,
kehrte die Finsternis zurück.
So schied sie das Licht von der Finsternis.
Das Kind aber nannte das Licht Vertrauen
und die Finsternis Angst.
Da ward Abend und Morgen:
ein erster Tag.

Und die Mutter sprach: Es werde Nahrung!
Und es geschah also.
Und sie legte das Kind an die Brust
und stillte es
und schied Hunger und Zufriedenheit,
Lust und Schmerz.
Das Kind aber träumte
an der Brust der Mutter
und nannte die Brüste sein Glück
und den Hunger Unglück.
Da ward Abend und Morgen:
ein zweiter Tag.

Und die Mutter sprach: Es werde warm!
Und es geschah also.
Und sie nahm das nackte, hilflose Kind,
legte es auf ihren nackten Leib,
schloss es in die Arme
und wiegte es.

Und das Kind fühlte die Wärme
und fürchtete die Kälte, die es empfand,
sobald sich die Mutter zurückzog.
Und nannte die Wärme seiner Mutter
seine Zuflucht und schlief ein in Zuversicht.
Da ward Abend und Morgen:
ein dritter Tag.

Und die Mutter sprach: Es werde Freude!
Und es geschah also.
Und sie legte ihre Hand unter den Kopf des Kindes
und ihre Wange an seine Wange.
Sie streichelte seine Brust
und blies in seine Hände,
sie rieb seinen Rücken,
tätschelte seinen Po
und streichelte seinen Kopf.
Und das Kind fühlte die Hand der Mutter
und ihre Zärtlichkeit
und fürchtete sich vor der alles verschlingenden Einsamkeit.
Und es nannte die Zärtlichkeit seine Freude.
Da ward Abend und Morgen:
ein vierter Tag.

Und die Mutter sprach: Es werde Sprache!
Und es geschah also.
Und die Mutter sprach Laute
und redete Worte,
hörte auf die Laute des Kindes
und verstand seine Sprache.

Und sie fragte und erzählte,
und Zärtlichkeit lag in ihrer Stimme.
Und das Kind hörte die Stimme der Mutter gern
und fürchtete ihr Verstummen.
Und es nannte die Stimme seine Hoffnung.
Da ward Abend und Morgen:
ein fünfter Tag.

Und die Mutter sprach: Es werde Vertrauen!
Und es geschah also.
Und sie hörte auf den Ruf des Kindes,
schützte es vor dem Fall von der Treppe,
behütete seine ersten Schritte,
gab ihm zu essen, wenn es schrie,
war wach, wenn es rief.
Und das Kind spürte die Treue
und glaubte an sie.
Und panischer Schrecken ergriff es,
wenn es sich verlassen glaubte.
Und es nannte die Treue sein Vertrauen.
Da ward Abend und Morgen:
ein sechster Tag.

Und die Mutter sah ihr Kind an
und segnete es und sprach:
Geh, und mach dir die Erde untertan.
Und herrsche über sie.
Suche dir einen Partner,
den du lieben kannst.
Und liebe deine Kinder,
wie ich dich liebe.

Und das Kind sah an das Chaos der Welt
und fühlte seine Angst.
Aber im Angesicht aller Ängste
blickte es auf seine Mutter
und nannte sie:
Grund meines Glaubens,
meiner Hoffnung, meiner Liebe.

(Matthias Scharer)

Das Gänseblümchen

Geschichte

Es war einmal ein Gänseblümchen, ganz klein und unscheinbar. So wie Gänseblümchen eben sind, lebte es auf einer bunten Blumenwiese. Morgens öffnete es seine Blütenblätter mit den ersten Sonnenstrahlen und spielte ab und zu mit den Blumenkindern in der Nachbarschaft; dies war allerdings nicht sehr aufregend, denn bei den schnellen Spielen war es zu langsam – es hatte einfach zu kurze Beine – und beim Prinzessin-Spielen war es immer nur die Magd – es war einfach nicht besonders hübsch. Und so geschah es, dass sich das Gänseblümchen immer mehr zurückzog; am meisten freute es sich über das Regenwetter, denn da musste es nicht seine Blütenblätter öffnen; es konnte den ganzen Tag getrost verschlossen bleiben. Aber ganz ehrlich gesagt, wirklich glücklich fühlte sich das Gänseblümchen nicht, denn es war sehr einsam!
Eines schönen Sonn(en)tags flatterte ein Brief vorbei! Welche Verwunderung! Was wird denn im Brief geschrieben sein?! Eine Einladung! Zum Geburtstagsfest der roten Rose!!!
Ach, wie sehnte sich das Gänseblümchen nach so einem Fest; und von einer persönlichen Einladung konnte es nur träumen; noch nie war es eingeladen zu einem Fest.
„Ich bin doch so klein und unscheinbar", dachte sich das Gänseblümchen, „und außerdem habe ich kein Geschenk, ich bleibe lieber

einsam zu Hause." Doch – Gott sei Dank – siegte die Neugier! Und so machte sich das Gänseblümchen auf den Weg.
Welch große Schlange von Gratulanten war auf der Festwiese vorzufinden; und welch prachtvolle Blumenkleider gab es da zu sehen; klein und unscheinbar versuchte sich das Gänseblümchen am Ende der Gratulantenschlange zu verstecken. „Ich gehe lieber wieder nach Hause", dachte es und drehte um.
Hörte es da nicht seinen Namen rufen: „Gänseblümchen, liebes Gänseblümchen! Wie schön, dass du da bist!"
Zögernd richtete das Gänseblümchen seinen Blick zurück. Da, die rote Rose, die Königin der Blumen, winkte dem Gänseblümchen, die rote Rose ruft es beim Namen und, ja noch mehr, voll Freude läuft die rote Rose dem Gänseblümchen entgegen. Und dies macht dem Gänseblümchen Mut; es fühlt sich nicht mehr klein und unscheinbar und so läuft es auch der roten Rose entgegen.
„Ich wollte dir nur gratulieren, aber leider habe ich kein Geschenk", flüstert das Gänseblümchen.
„Gänseblümchen, liebes Gänseblümchen, ich freue mich, dass du da bist! Du selbst bist für mich das Geschenk!" Voll Freude umarmt die rote Rose das Gänseblümchen und küsst es. Und siehe da, durch den Kuss wandeln sich die weißen Spitzen des Gänseblümchens in das Rot der Rose. (Seither tragen alle Gänseblümchen rote Spitzen!)

Interpretation: Bei der Taufe küsst Gott uns und diesen Kuss tragen wir ein Leben lang in unserer Seele. Der Kuss Gottes färbt auf unser Leben ab, durch die Taufe sind wir Träger der Liebe Gottes. Gott ruft uns persönlich beim Namen (Jes 43,1), er lädt uns zu seinem Fest ein. In der Taufe prägt sich die Liebe Gottes in meine Seele ein; sein Zeichen über mir ist Liebe (Hld 2,4).
„Die Taufe ist das Hochzeitsfest meiner Seele mit Gott!"

(Origenes)

7. Spirituelle Impulse nach der Taufe

Den Namenstag feiern

Dieser Tag erinnert uns an die Taufe, in der wir Mitglied der christlichen Gemeinschaft wurden, und an unseren Namenspatron, dessen Fest an diesem Tag gefeiert wird. Durch eine Feier wird das Kind in den Mittelpunkt gestellt und das Selbstwertgefühl des Kindes gestärkt.

Gestaltung

- Auf den festlich gestalteten Frühstückstisch kommt die Taufkerze. Diese wird vom Festtagskind entzündet.
- Ein Bild des Namenspatrons oder ein Spruch von ihm kann sichtbar aufgestellt werden.
- So wie bei der Taufe kann dem Namenstagskind mit Weihwasser ein Kreuz auf die Stirn gemacht werden.
- Das Namenstagskind darf sich eine Speise zum festlichen Mittagessen wünschen.
- Beim Tischgebet wird besonders für das Namenstagskind gedankt.
- Der Taufpate kann zum Essen eingeladen werden oder der Pate lädt das Kind ein.
- Das gemeinsame Betrachten der Tauffotos kann Anlass sein, das Fest in Erinnerung zu rufen.
- Dem Kind wird (vom Paten) eine SMS, eine Karte oder ein E-Mail mit Glückwünschen und einem Segenswort geschickt.

Christliche Lebensbegleitung durch die Paten

Wie kann Patenschaft konkret aussehen?

Je nach Lebensalter des Täuflings wird die Patenschaft ein anderes Gesicht haben.

- Eltern sind oft froh, wenn ihnen freiwillig jemand ein Angebot zum Babysitten macht.
- Mit dem Kind spielen. Im Spiel lernt das Kind viele Fähigkeiten (z. B. verlieren können). Zuwendung wird dabei auf lustige, spielerische Weise erfahren.
- Das Patenkind mit einem Kreuz auf die Stirn segnen.
- Eine religiöse Veranstaltung mit dem Täufling besuchen (Musical, Pilgerfahrt, Jugend-Event …)
- Über die Kunstwerke der Natur auf den Schöpfer und Künstler hinweisen.
- Sich für die Berufswahl des Kindes interessieren und beratend zur Seite zu stehen.
- Durch kreatives Handeln das Interesse des Kindes wecken, die eigenen Talente zu entfalten (Musikinstrument, Malen).
- Einen Ausbildungskurs finanzieren (Töpfern, Tanz …).
- Eine religiöse Kinderzeitschrift für den Täufling abonnieren.
- Ein Weihwasserbecken zur Taufe schenken.
- Über Glaubensfragen bewusst mit den Kindern sprechen. Ein Kind fragte einmal die Mutter, als sie einen Franziskaner sah: „Mama, was ist das für einer, oben Onkel, unten Tante?"
- Teilnahme an religiösen Veranstaltungen (Martinsfest, Schulgottesdienst …)

Christliche Erziehung in der Familie

Christliche Grundausstattung

So wie zu einem begeisterten Sportler, z. B. Tennisspieler, Schläger, Bälle, Schuhe, Kleidung … zur notwendigen Grundausstattung gehören, braucht ein lebendiger Christ ein Minimum an Symbolen, um den Glauben ausdrücken und leben zu können.
Dazu zählen: Bibel, Kreuz, Kerze, Marienbild, Gebetsbuch, Liederbuch, Weihnachtskrippe …

Grundkenntnisse

- Gebete wie: Vaterunser, Ehre sei dem Vater, Gegrüßet seist du, Maria, Glaubensbekenntnis …
- Kenntnis von christlichen Werten (Nächstenliebe)
- Zehn Gebote (Weisheiten, Worte)

Bereitschaft zum Engagement

- Soziales Engagement in Kirche und Gesellschaft
- Bereitschaft, am kulturellen, spirituellen Leben der Kirche teilzunehmen
- Ein offenes Herz für Kinder, einen liebenden Blick für Behinderte, ein Heimat gebendes Wort für Ausländer …
- Hauskirche pflegen (Tischgebet, den Sonntag heiligen …)
- Das Kirchenjahr zu Hause sichtbar werden lassen (Dekoration)
- Kontakt zu christlichen Familien pflegen (Familienrunde, Bibelrunde …)

8. Lieder zur Taufe

Kumbai alavia

Öffne meine Ohren, Heiliger Geist

Meines Herzens Dunkel (Kanon)

Text: Helmut Schlegel, Musik: Winfried Heurich

Groß ist die Sonne

* Dieser Teil wird gesprochen; nach „Hier bin ich" folgt eine kurze Pause.

Unser Leben sei ein Fest

Text: Josef Metternich Team, Musik: Peter Janssens
Aus: Wir haben einen Traum, 1972,

Walk in the light

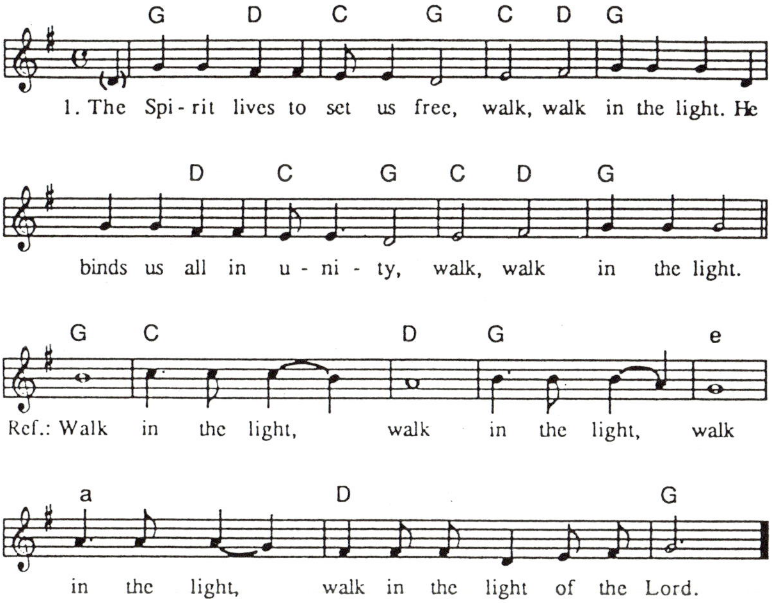

Fürchte dich nicht

Der Herr segne dich

Geht hinaus

A E H fis A E H
Ref.: Geht hi-naus und ver-kün-det mein Wort! Geht hi-naus und ver-kün-det
cis A H
al - len Völ - kern
1. Ich bin mit euch an je - dem
2. Geht, nehmt nichts mit auf eu - ren
3. Wer an den Pflug die Hand ge -
4. Ich will, dass Wun - der ihr voll -
Cis Solo A H cis Solo
Tag. Wohl bis zum En - de der Welt.
Weg! Lasst lie - gen Brot - sack und Geld!
legt und wer dann rück - wärts noch schaut,
bringt, dass mei - ne Macht ihr be - zeugt.
A H cis gis
Ich nehm euch al - le Last und je - de Plag. Ich
Nehmt an, was ich in eu - re Hän - de leg. Von
der wird wie Spreu vom Wei - zen weg - ge - fegt, weil
Ich bin mit euch, dass je - des Werk ge - lingt und
A H cis Solo A E
ha - be euch für die - sen Dienst be - stellt. (Mt 28,20) Geht hi - naus!
mir seid ihr ge-sandt und aus - er - wählt. (Lk 10,4)
solch ein Mensch für Got - tes Reich nicht taugt! (Lk 9,62)
je - des Knie vor mir dem Herrn sich beugt. (Mt 10,7. Röm 9,17. Phil 2,10)